创意写作书系（青少版）

李亦辰 ◎ 著

北大附中
说理写作课
修订版

中国人民大学出版社
·北京·

图书在版编目（CIP）数据

北大附中说理写作课 / 李亦辰著. -- 2 版，修订版. -- 北京：中国人民大学出版社，2025.7. -- （创意写作书系：青少版）. -- ISBN 978-7-300-33454-7
Ⅰ.H15
中国国家版本馆 CIP 数据核字第 2024N6J983 号

创意写作书系（青少版）
北大附中说理写作课（修订版）
李亦辰　著
Beida Fuzhong Shuoli Xiezuoke

出版发行	中国人民大学出版社			
社　　址	北京中关村大街 31 号	邮政编码	100080	
电　　话	010 - 62511242（总编室）	010 - 62511770（质管部）		
	010 - 82501766（邮购部）	010 - 62514148（门市部）		
	010 - 62511173（发行公司）	010 - 62515275（盗版举报）		
网　　址	http://www.crup.com.cn			
经　　销	新华书店			
印　　刷	天津中印联印务有限公司			
开　　本	890 mm×1240 mm　1/32	版　次	2025 年 7 月第 1 版	
印　　张	8.375 插页 1	印　次	2025 年 7 月第 1 次印刷	
字　　数	176 000	定　价	58.00 元	

版权所有　　侵权必究　　印装差错　　负责调换

序

董毓

批判性思维的写作,在较高标准意义上,不仅仅是"写作",还是依据、发展、表述认知和开放理性思维的解决问题的活动。

这样的目标和本质规定,写作的前提,是针对合适问题的探究。探究是批判性思维和非批判性思维的分水岭。《北大附中说理写作课》(以下简称《说理课》)把培养探究意愿放在首要位置,认为基础教育阶段最重要的是培养探究的意愿,使人能够有意识地通过评估证据和倾听不同观点来寻找真相。这就和教育中教现成知识而不是培养创造知识的能力区别开来。这是很不容易的。许多人早已知道,认识过程比结论重要,让学生产生问题再探究解决路径是更健康的学习方式,但长久以来,这在课堂实践中十分缺乏,我们的教学常常近于把结论搓成药丸给学生一口吞下。《说理课》没有直接进入写作技巧的部分,而是从"什么问题可以说理"入手,阐明一个好论题的标准,这既符合批判性思维的本质要求,也是可贵的具体变革行动。

传统的议论文写作中,所谓"审题立意"多半是针对别人出的题,《说理课》则主张学生必须学会提出自己的问题,并独立或合作去解决它。这是在培养分析能力。和那种"宏大才有意义"的观念不同，《说理课》认为学生对学校食堂延时供餐的建议、对街上一条标语的看法等都是"有意义"的——这是有见识的。因为这些小问题对学生的生活有意义，而且从"好问题"的角度来说，问题的真实性和具体性是由意义构成的。另外，它们也是训练学生思考的更佳切入点。提问和思考的能力源于生活实践，而不是源于抽象的概念和干涩的技能学习。只有学生感兴趣的问题，才能使他们投入地探究和持续地思考，从而获得认知和思维的提升。

我曾提到，在以往的语文教学中，议论文的写作一直过于注重语言和修辞，说理的内容很薄弱。而且，即使有说理，也多半是对事物所"蕴含"道理的阐明和渲染，并不是真正在实证和辩证基础上的论证。《说理课》的"说理写作"并未使用"议论文"这一名称，意图或许是与以往的议论文区分开来，强化论证逻辑和反思性。它强调"考察一个问题的背景"，以获得对问题的全面了解。批判性思维的辩证的要求，就是努力了解全貌，没有这样尽可能全面的探究就不要先判断和说话，这是负责任的对话的前提。《说理课》这样的强调，对网络时代的浮躁和盲从风气有直接的针对性。

我始终强调，论证文的最低要求，是清晰、辩证和实证。清晰，来自说理写作的目的之一——交流的要求。每一次"说理"都有其特定对象，是交流而不是自说自话，需要引起别人的阅读兴趣。书中的例文也许没有华丽的辞藻和煽动性语言，但至少能体现"共情"，这是比渲染与煽动更有力也更有效的对话方式。

除此之外，《说理课》还呈现了多种学习形式，并以现实性和综合性为原则。它引入了以往语文课较少使用的组织形式，包括针对具体的政策（如书中所讨论的"普职分流比例"问题）而不是抽象的二元对立概念辩题（如传统价值辩题"宗教信仰更重要还是科学理性更重要"）进行辩论。针对这样的政策议题，学生需要对各群体利益和各种价值进行权衡，在质询与被质询中迫使自己从不同视角思考同一问题。将价值选择和利弊权衡结合来讨论现实问题，既是全面的要求也是实际的需要。辩论不是为了通过单纯搜罗某一方的论据、语言技巧和气势来"战胜"对方，而是为了提升认知、训练思维，以便提升分析问题和解决问题的能力。

由此，基于探究之上的清晰、辩证和实证的说理写作，是在正确的、有效的教育道路上的。它对我们走出只关注知识结论的学习误区是一个必要和重要的帮助。这正是《说理课》的价值所在。

关于说理写作课，一些想说的话

2017年开始，我在北大附中开设说理写作课程，希望以写作的方式来培养高中生的批判性思维。这门课断断续续，到现在也有六七年了。在这并不算长的时间里，世界发生了很大变化，大家对新闻、对社会、对未来的心态也与从前不同了，一些之前可以冷静探讨的话题变得非常容易引起舆论对战。这些都真切地影响到了我的课程。

刚开始的两年，我很强调写作要"表达真实的自己"。那时学生最大的写作障碍并不是没有想法，而是被"应试"框久了，套话成堆，有了自己的想法也不敢说。在持续的鼓励下，学生才能开始向内探索真实自我。但现在的状况很不同，互联网环境在近几年发生了巨大的变化，而这几届的学生正是在小屏幕中成长起来的一代。手机网络的便捷、短视频在各领域的全面入侵，使我们时刻都能获得资讯，但更难了解完整的资讯。我们看似比之前拥有更广的视野，实际上看到的内容多半雷同，资讯数量的增加并不代表资讯类别和角度的多样。好比一个动物园，之前的面积很狭小，只有一头羚羊、一只鸸鹋、一匹斑马。现在它扩建了，面积大得很，收纳了一百只动物，但看来看去一百只全是羚羊。与此相对应，观点的发表也变得更容易，想法的交锋简短而快速，很少有人会细致地分析并阐述观点，双方往往在只言片语之后就给对方扣帽子、下判断。同时，人工智能的逐步兴起使我们有了思维的助手，同时也交出了一部分思考的权限。人们似乎容不得自己闲下来仔细思考，就急着获取下一个信息，发表下一条评论。

这些状况也使我必须做出改变，不仅呼唤"真实"，更强调"自控"和"负责"。浸润在大量没有重点，仅为制造对立的网络对骂中，我们见惯了"真实"的喷子，却更难找寻负责的发言。大多数时候，我们难以坐下来严肃且冷静地讨论一个问题、一类现象、一种社会思潮。

有些发言看起来慷慨激昂，情真意切，但批判性思维不仅突出"批判"这一条边，更需要基本的道德、良知和温度才能构成完整的图形。例如，张桂梅老师面对来给她送礼的学生说"我最反对当全职太太"，有人立刻质疑："凭什么看不起家庭主妇？"张桂梅老师面对的是偏远山区这样一个重男轻女思想很严重的环境，她最希望的就是学生们能走出大山、经济独立，不要重蹈母辈那种生孩子、干家务、一辈子无法翻身的覆辙。看到千辛万苦培养出来的学生到头来还是生孩子、干家务、无法经济独立，她的气愤完全可以理解。单要从"不重视家务劳动价值"这个角度苛责她，实在让人于心不忍。

有时，在课上学生很戏谑地评价一些严肃的文学作品，让人感到非常生气，但反思起来，"娱乐至上"的思维惯性并不是一朝一夕形成的。在"内卷"的巨大压力之下，人们很渴望有一个释放的出口。但是，当这个出口成为对严肃问题的娱乐化讨论和不深入思考的公开写作，舆论场就会变得不安全，拓宽的发言渠道逐渐被走成一条窄巷。不论何时我们都需要非常谨慎，以免被抓到任何不经意间露出的破绽，被指摘甚至被网暴。

著名作家张大春曾被提问，什么对写作最有伤害？他回答说：不经思索地说话，以及经常听那些不经思索而发表的谈话。[①] 而这恰恰是我们面临的问题。如何进行思考，如何形成观点，如何将观点表达出来，再次合而为一，成为最棘手的事。我回看说理写作课的1.0版本，感到它需要一次蜕变。

---

① 张大春．文章自在．桂林：广西师范大学出版社，2017．

目 录

第一章 | 在开始写之前

一、如果你需要关于写作的心理建设 ····················· 3
    1. "我写作文,只是为了考试" ························· 4
    2. "写作,为什么要说理呢?" ························· 16
二、说理写作的原则 ···································· 23
    1. 不管讨论什么问题,都要先澄清概念 ················· 23
    2. 存在即"合理"吗? ······························· 33
    3. 既然没有人能完全客观,我们到底要在什么立场上
       讨论问题呢? ····································· 41
给教师的课堂活动小贴士 ································ 48

第二章 | 提出一个理性的主张

一、什么问题可以说理 ·································· 56
    1. 针对具体事件的说理 ····························· 56
    2. 针对抽象概念的说理 ····························· 65

二、考察一个问题的背景 …………………………………… 78
    1. 也许你没有自己以为的那么了解这个问题 ………… 78
    2. 如何考察一个抽象命题的背景 ……………………… 90
三、每一个论点的提出都是一次权衡 ……………………… 95
    1. 判断类型 ………………………………………………… 96
    2. 权衡论证 ……………………………………………… 104
给教师的课堂活动小贴士 …………………………………… 116

第三章 | 好理由是论证的关键

一、理由要与主张相关并且充分 …………………………… 119
二、演绎与归纳 ……………………………………………… 127
    1. 演绎论证 ……………………………………………… 127
    2. 归纳论证 ……………………………………………… 134
三、拆解论证结构 …………………………………………… 140
四、归谬论证、类比论证、因果论证 ……………………… 152
    1. 归谬论证 ……………………………………………… 152
    2. 类比论证 ……………………………………………… 154
    3. 因果论证 ……………………………………………… 161
给教师的课堂活动小贴士 …………………………………… 171

第四章 | 有主张，就会有反驳

一、如何进行有效的反驳 …………………………………… 175
    1. 立论与驳论 …………………………………………… 175

2. 回应可能的反对意见 ················· 192
二、有些话听起来有点毛病，又不知道问题出在哪 ········ 198
　　1. 认识逻辑谬误 ···················· 198
　　2. 反驳逻辑谬误 ···················· 199
给教师的课堂活动小贴士 ·················· 207

第五章 ｜ 不仅要说理，还要让人读得下去

一、好好说话，别绕圈子 ·················· 214
二、合理布局 ······················· 217
　　1. 将材料分类并建立关联 ················ 217
　　2. 创造"疑问—回答"式的结构 ············· 225
三、使文章变得吸引人 ··················· 235
　　1. 标题 ······················· 235
　　2. 开头 ······················· 242
　　3. 结尾 ······················· 245
给教师的课堂活动小贴士 ·················· 249

第一章

在开始写之前

一、如果你需要关于写作的心理建设

嗨,终于等到你了!在当下,鼓足勇气翻开一本"写作书"大概需要很长时间的心理建设吧!我们可以轻易获取信息并在顷刻间发送评论,但更容易遗忘它们。我们想整理一些细碎的想法,但总是被别的"截止时间"打断,甚至无法好好思考自己为什么要开始写。那么,保守地估计一下:当你准备读一本书去学习如何写作,你的写作已经成功一半了!

"说理写作"对你来说可能是一个很陌生的名词,你会在这本书中完整地了解它的体系。在你开始阅读这本书之前,我有一些友好的提示要对你说:

请按章节顺序阅读这本书。

请抱着"玩耍"的心态去阅读。

请赋予自己足够的耐心和信心。

在这本书的前五分之一部分你都不会看到有关"如何写作"的内容,因为我们需要很多思考的工作。但是相信我,它们也会挺有趣的,并且具有令你思考的价值。千万不要跳过"在开始写之前"而直接开始"提出一个理性的主张"。虽然我也希望你充满好奇,但……最好不要先看"使文章变得吸引人"(可能看到这里的你已经翻到最后一章了吧),尤其当你之前从来没有接触过"说理"这个概念,我更建议你多花点时间来看第一章。"说理"听起来是一件很枯燥和一板一眼的事,其实未必。你不妨把它当作一次游戏之旅,想象你在迷宫中行走,在每一次争议中找到平衡,在谬误的谜团中拨云见日,最终到达理性的出口。

如果你期待一本"专家建议"类的读物,你可能要转变一下心态。在这个领域,每个人都需要不停地学习,你我都一样,不管多么"经验丰富"的人都一样,因为质疑和反思是一个永无止境的过程。

说理写作不需要背诵任何的名人名言、好词好句、伟人故事或者经典论据。它需要你用一种恰当的方式,站在合适的立场,明确地表达自己的想法。

1. "我写作文,只是为了考试"

如果你问我,写作最最重要的是什么,我的回答只有两句话:

首先,明确自己为什么要写,也要清楚地告诉读者你为什么要写。

然后,不要写大家都知道的事,要写别人不知道的事。

很遗憾地说,当你写完一篇文章,却并不知道自己为何要写它,那它注定是一篇被嫌弃的文章。你的写作动机与写作目的相关,而写作目的决定了你的文章往何处去。所以,在动笔之前,你面临的第一个问题,并不是"审题"或"立意",而是"**我为什么要写**"。

一篇文章不会凭空出现，一定有一些问题触动了作者的"写作神经"，他或她才会想要拿起笔去表达。也许你会说："我写作文，只是为了考试。"

太棒了，我们不谋而合！实际上，我一直不建议以命题作文开始写作的学习，因为只写"别人让你写的东西"是个挺痛苦的过程，令人毫无写下去的动力。更多的时候我们可以针对新近发生的、有争议性的问题表达自己的想法，由此进行说理。写散文、写诗讲究"有感而发"，其实说理也一样。当你没有遇到真正令你有感触甚至愤怒的事，确实很难文思如泉涌。经过一些训练，我们再渐渐过渡到抽象的命题写作。

况且，既然我们已经面对这种状况，即便是考试的命题作文，你也需要给自己一个理由去写，如果它只是你的一种负担，你写完是不想再回头读一读它的，那么——别人为什么会想要去读呢？

任意翻开一篇优质的新闻评论，或一篇说理性的课文，它一定会告诉我们它为什么而写。

比如，在《实践是检验真理的唯一标准》的第一句，作者即提出，"检验真理的标准是什么"这一问题早就被无产阶级的革命导师解决了。读者就会有疑问：既然如此，那么为何还要再提？作者立刻就告诉你答案了。

> 检验真理的标准是什么？这是早被无产阶级的革命导师解决了的问题。但是这些年来，由于"四人帮"的破坏和他们控制下的舆论工具大量的歪曲宣传，把这个问题搞得混乱不堪。为了深入批判"四人帮"，肃清其流毒和影响，在这

个问题上拨乱反正,十分必要。①

——《光明日报》特约评论员《实践是检验真理的唯一标准》

而在梁思成的《中国建筑的特征》的开篇写道:

> 中国的建筑体系是在世界各民族数千年文化史中一个独特的建筑体系。它是中华民族数千年来世代经验的累积所创造的。这个体系分布到很广大的地区:西起葱岭,东至日本、朝鲜,南至越南、缅甸,北至黑龙江,包括蒙古人民共和国②的区域在内。这些地区的建筑和中国中心地区的建筑,或是同属于一个体系,或是大同小异,如弟兄之同属于一家的关系。③

——梁思成《中国建筑的特征》

我们即刻就可以明白:为何要专门写一篇小文介绍中国建筑的特征呢?因为中国的建筑体系不仅独特,而且分布范围很广,它在世界建筑史上非常重要,值得大书特书。

明确"为什么而写"并将其告知读者的作用包括但不限于:

为自己确定写作的方向,避免过于放飞自我最终跑题。

向读者表明"我所论述的问题很重要!很迫切!值得你读一读!"。

写作不仅是一种自我确认,更是作者与读者的沟通。我有一

---

① 教育部组织编写. 普通高中教科书:语文:选择性必修:中册. 北京:人民教育出版社, 2019:15.

② 今蒙古国。

③ 教育部组织编写. 普通高中教科书:语文:必修:下册. 北京:人民教育出版社, 2019:55.

段很喜欢的话想要分享给你，它转变了我对写作的理解：

> 写作并不是对思想的简单记述，它能够对思想进行提炼、打磨和检验——还能创造思想。……写作是一种学习。我之所以这么说，是为了反对把写作视为机械的记述，或者将其看成思想传播和固化过程中必不可少却枯燥乏味的一个步骤。……如果只是将你已经知道自己想要说的东西写下来，那么写作就无法成为探究和探索的媒介；它会扼杀作者与读者的交互过程中迸发出的无限可能和契机，将自己视作一个已经定型的作品。积极的写作不应该是去阐述那些你已经知晓的东西，而是要让你去思考新事物。①
>
> ——埃里克·阿约《人文学科学术写作指南》

看，写作并非单纯记录，或是用以换取分数的必须完成的苦役，我们可以把它变得更有意义，帮助我们的思想生长。我也清晰地记得我的一位大学老师在讲课时提到，写作是对阅读的期待。如果你在写作的时候并不期待别人去阅读它，那你完全没必要写出来。

还记得我在前面说过的"写作最最重要的是什么"吗？第一要明确自己为什么要写，也要清楚地告诉读者你为什么要写。这也决定了第二点：不要写大家都知道的事，要写别人不知道的事。它们其实是有关联的。如果你不知道自己为什么要写，而仅仅盯着题目本身，你的文章很容易变成这样：

材料大杂烩。

---

① 阿约. 人文学科学术写作指南. 陈鑫，译. 北京：新华出版社，2017.

想到哪写到哪。

"然后然后再然后"的论述堆砌。

让我们来看一个场景：光头同学将要在本校学生自编杂志上发表一篇探讨传统文化的文章。光头接到任务就开始紧急行动，动起笔来。

传统文化的意义

近几年，全国各地都掀起了一股学习传统文化的浪潮。你在小学时代也一定背过《三字经》《弟子规》吧？你在中学也学过《论语》和《孟子》吧？"人之初，性本善""学而时习之，不亦说乎？"大家都耳熟能详。传统文化一直在我们身边，从没退出过历史舞台。

传统文化能让我们对历史有更多了解，并将其应用到现实里。当你的学习遇到困难时，"譬如为山，未成一篑，止，吾止也；譬如平地，虽覆一篑，进，吾往也"引导你跨越障碍；当你想要懈怠偷懒时，"吾日三省吾身：为人谋而不忠乎？与朋友交而不信乎？传不习乎？"激励你前进；当你与朋友有矛盾时，"己所不欲，勿施于人"为你提供破解之法。传统文化活跃在我们生活的方方面面，作为中华民族的一员，我们很难彻底摆脱它的影响。即便你身处国外，在"唐人街"还是能看到传统工艺品、汉服、唐装；即便你满口外语，心中还是记得五千年的文化。它已经流淌在你的血液里，成为你的一张名片。你所到之处，即是中华民族。

但是，传统文化存在的问题我们也无法忽视。这些年，打着"传统文化"的幌子宣传封建糟粕的事屡见不鲜。前有"戒尺进课堂",后有"龙舟比赛不让女性上船",这些封建社会禁锢思想、抹杀人性的条条框框,借着"传统文化"的名头大行其道。这是什么"传统文化"?这种"传统"要它何用?阻碍我们社会的发展吗?还有那些"相亲角"帮儿女找对象的父母,不过是想以此控制已经成年的孩子,让孩子达成父母的心愿,这就是"三纲五常"在当代的变体啊!如果我们放任其发展下去,以后"传统文化"就会变味儿,就会消失。

  作为新时代的青年,我们要正视传统文化的价值,但也要审视它的问题,取其精华,去其糟粕,才能真正地传承中华民族优秀的传统文化!

  这篇文章看起来主题向上,表述清晰,框架完整,论据充足,但是读起来……就是没什么意思。好像提出了很多议题,又好像什么也没说透。这类文章在考试中可谓比比皆是,同学们信手拈来、写到无感,老师们看到头痛、无力审美。那它到底有什么问题呢?

  等等,光头发现不对了:我这篇探讨"传统文化的意义"的文章有什么意义吗?作为我的读者,我的同学和老师会不知道传统文化有用吗?会不知道我引用的那些课内必背名句吗?我要写一篇"说理"的文章,可是我最终揭示了什么"理"呢?归根结底,我到底为什么要写这篇文章?我想让同学和老师读完我的文章有什么收获呢?

  于是,光头决定先明确自己的写作动机,然后确认目标读者,再思考面对这些读者需要注意些什么。为此,光头列了一份清单:

我的读者或者可能的读者是<u>我校同学，可能还有老师</u>。

　　当读者读完我的文章时，我希望他们或她们能够<u>对"传统文化"有一个新的认识，再看到相关事件和现象时能有不一样的思考</u>。

　　读者对我探讨的这个问题的了解是<u>国家在提倡弘扬优秀传统文化，我们从小也接触过很多形式的"传统文化"</u>。

　　对这个问题，他们或她们可能的想法是<u>弘扬优秀传统文化是一件很重要的事，可能的疑惑是到底什么是"优秀传统文化"，现在对"传统文化"的宣传铺天盖地，到底应该相信什么呢</u>。

　　我还需要提供给读者关于这个话题的信息有<u>对"传统文化"概念的厘清、对"文化传承"的新解读</u>。

　　在这之后，光头开始了新的写作：

"传统文化"传什么？

　　近几年，全国各地都掀起了一股学习"传统文化"的浪潮。初听起来这股风潮是很正面的，作为中国人，我们当然应该去了解和吸收优秀的中国传统文化。很多学校都在开展经典诵读活动，我们幼儿园时也都背过《弟子规》《三字经》。可其中存在问题：我们背这些文本的时候其实并不懂意思，只觉得谁能背下来谁就很厉害。此外也有一些不可忽视的文化乱象，各种课外班打着"传统文化"的旗号公然教授"女德"等封建糟粕。在这些被纷繁复杂的利益所裹挟的"传统文化"迷丛中，我们如何拨开云雾呢？

首先，所谓传统文化，到底是什么？

我查找了一些资料，发现它没有一个明确的概念。2012年，人民教育出版社首发了"中国传统文化教育全国中小学实验教材"，其中除了《论语》《道德经》等，还包括音乐欣赏、历法、茶文化等内容。教育部在2014年印发了《完善中华优秀传统文化教育指导纲要》，列举了一些内容，比如小学低年级应"感受汉字的形体美""知道中华民族重要传统节日"等，我们高中阶段要"阅读篇幅较长的传统文化经典作品，提高古典文学和传统艺术鉴赏能力"等。我们可以理解为，传统文化是个范围很广的概念，学习传统文化是个循序渐进的过程。

其次，现在全社会都在讲，要传承中华优秀传统文化，那么，"传承"是一股脑地把"传统"倒给你接受吗？当然不是。"优秀传统文化"和"传统文化"本来就不是一回事，三纲五常、二十四孝，都是"传统文化"，但什么是"优秀"的，就需要一把衡量的尺子了。著名历史学者葛剑雄教授看来，"传"与"承"要分开来解："传"是无条件的，尽最大可能把文化完整保留下来，因为它是"人类记忆和人类历史的一部分"；而"承"则需要有选择性，"适应今天和未来的需要"，要有创新性，比如"孝道"是很好的，那些尊敬父母的传统礼仪也应该被"传"下来，但让我们穿着汉服向父母行跪拜叩首之礼也没有必要，是一种舍本逐末。要是把"传"的都"承"下来，那我们民族的发展进步也没什么可期待的了。

从传统文化的经典文本来说，梁启超曾经在1923年发表过《国学入门书要目及其读法》，其中书目年代跨度极广，除了《论语》《孟子》等现在颇受推崇的儒家经典,还包括汉代儒家、法家关于政治问题的对垒抗辩之书《盐铁论》、元散曲《西厢记》等,甚至包括清初王夫之的《思问录》、胡适的《中国哲学史大纲》(上卷),可谓包罗万象了。梁启超对传统经典的筛选秉承了现代精神,并非只有通常所认为的儒家经典,而是多方吸收有助于形成包容和进步文化氛围的文本。可见,优秀传统文化须有一定的广度、深度和现代性。

我认为,"传"是历史学研究者的重要工作,而对我们中学生来说,要对什么是真正需要我们去"承"的传统文化做出分辨和判断,明白什么是符合现代公民的世界观、价值观的传统文化,进而去发扬和延展。我们要传承中华民族勇于变革的精神,守正也要创新,祛魅同时祛蔽。只是固守一些"死道理",把什么都背下来、塞进去,是没有意义的。

明确了为何要写,确认了目标读者,光头的文章看起来有意思多了。写出了很多"别人不知道"的事。当然,你应该已经发现,两篇文章的区别不仅仅是写作目的的明确与否,还有:议题是否值得探讨,写作思路是否能够全文一脉相承,论据是否有效且新颖,写作方式是否能让读者接受,等等。这些都是说理写作的要素。

那么,我们在接下来的书中继续探索吧!

第一章 在开始写之前 | 13

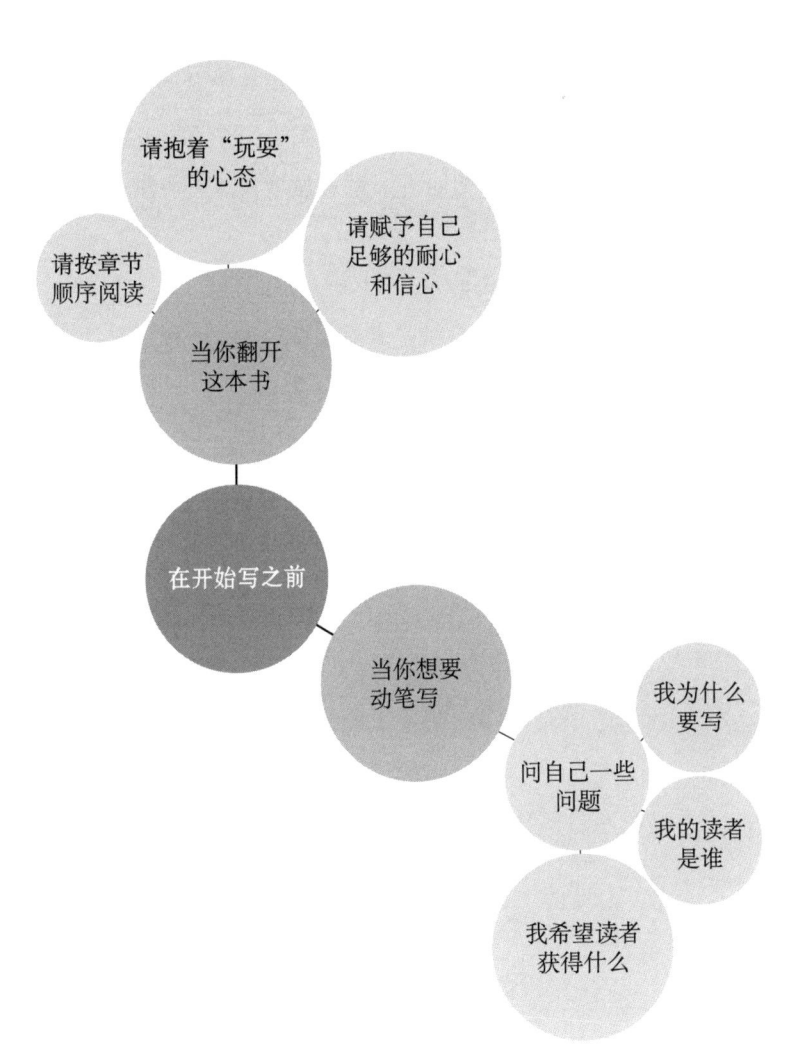

- 当你翻开这本书
  - 请抱着"玩耍"的心态
  - 请赋予自己足够的耐心和信心
  - 请按章节顺序阅读
- 在开始写之前
  - 当你想要动笔写
    - 问自己一些问题
      - 我为什么要写
      - 我的读者是谁
      - 我希望读者获得什么

练 习

这学期开始,某校实行了走班制,由此出现了一个问题:每天晚上值日生打扫教室时,都会发现教室留有大量垃圾。你作为校学生自治会的成员,要在升旗仪式后发表一个简短的倡议,号召同学们下课后检查桌上和地下,带走垃圾。200字左右即可。

思考清单

1. 我的读者或者可能的读者是_____。

2. 当读者读完我的文章时,我希望他/她们能够_____。

3. 读者对我探讨的这个问题的了解是_____。

4. 对这个问题,他/她们可能的想法是_____,可能的疑惑是_____。

5. 我还需要提供给读者关于这个问题的信息有_____。

正文:

小花的练习本

（请一定自己写完之后再看哦！）

思考清单

1. 我的读者或者可能的读者是我校全体同学。

2. 当读者读完我的文章时，我希望他/她们能够在下课时带走教室垃圾。

3. 读者对我探讨的这个问题的了解是自从实行走班制之后，教室垃圾很多。

4. 对这个问题，他/她们可能的想法是这个教室又不是我的固定班级教室，有没有垃圾跟我没关系，可能的疑惑是清扫教室不是值日生的问题吗？为什么要我来做。

5. 我还需要提供给读者关于这个问题的信息有走班制实行之后教室垃圾多的原因，以及对清理个人垃圾的有效建议。

正文

同学们好！我是校学生自治会成员小花，今天想跟大家聊一聊走班制实行之后教室垃圾变多的问题。（明确作者身份、读者身份、写作目的）以前在固定班里，大家将垃圾随手扔进自己的书桌，等有空时再清理，于是卫生并不是大问题。但现在，下课要立即换教室，很容易忘记拿走垃圾，仓促之间也很难看到地上的纸屑，下一节课的同学就要忍受你的垃圾，你也会生活在别人制造的垃圾堆里。值日生每天放学才清扫一次，难以保证每节课的卫生。（问题产生的原因及其严重性）我很理解同学们在两节走班课之间赶时间的困难，大家对此多有不适应。（并不是谴责读者，而是站在读者的立场思考问题，表示对读者的理解，提高读者对建议的接受度）建议大家可以随身携带一个小盒子，将上课时产生的垃圾顺手放到盒子里，下课直接带走。（不是空洞的倡议，而是给出可行的措施）从现在起行动起来，一定能共同创造一个整洁的学习环境！

2. "写作，为什么要说理呢？"

"说理"的反面是不讲道理，它有两种极端的表现形式：一是别人说什么怼什么，强迫别人同意自己；二是别人说什么信什么，自己完全不求证。它们都源于内心缺乏一种"怀疑"。

很长时间以来，我有这样的疑惑：为什么有人可以对从未亲身经历的事情言之凿凿？为什么有人可以在只看到人和事的冰山一角时就做出判断，而有人却可以始终保有怀疑的热情？——称"怀疑"是一种"热情"，因为当你不再怀疑或者懒得怀疑时，你就失去了思考的"热情"，在思考上变得"冷漠"。我们打开任意一个社交平台，都不难发现站在道德高地对只听到过只言片语的事情口诛笔伐的例子。

如何概括我这个"为什么有人不怀疑"的疑惑？我知道了一个名词叫作"批判性思维"，英文是 critical thinking，也有人认为"批判"这个词的中文意思比较咬牙切齿，所以翻译为"审辩式思维"。但其实 critical 在英文中就是批判的意思，有种激烈的感觉，不需要特别地撇清，让它必须是一个看起来很平和的词。我想，这也是批判性思维本身的宗旨吧，即希望打破惯性和片面思维，看到一个事物的多面性。

我认为，批判性思维最核心的理念是两个词：质疑与反思。

可解读为：拥有对主流、对权威质疑的勇气；拥有对自我、对从前反思的态度。

理查德·保罗和琳达·埃尔德在《批判性思维工具》中说："批判性思维是一种对思维方式进行思考的艺术，该艺术能够优化我们的思维方式。"它需要个体有"对思维方式检视和反思的意愿"，并"愿意对自己的思维方式进行分析解剖，愿意去正视我们思维方式中的弱点，并且能够在此基础上对思维方式进行重塑"。而"想要克服思维方式中自有的刻板、故步自封的倾向，个体必须要有足够强烈的动机"[1]

问题来了：这个意愿，是从何而来的？是能够自己生长出来的吗？

让我们至少尝试一下吧。很多国家正在尝试在学校教育中培养学生的批判性思考能力。美国的高中有公共说理课，大学有批判性写作课。近年，国内开始有相关的探索，比如清华大学将"写作与沟通"作为大学一年级必修课。

徐贲先生曾经引用哲学家罗蒂的话说："学校应该为学生提供两种启蒙（扫盲）教育，一种是'文化扫盲'（cultural literacy），另一种是'批判能力扫盲'（critical literacy），公共说理应该是兼及文化和批判能力扫盲的一种教育。"[2]

那么，这种扫盲，为什么要用写作的方式？原因很简单。

"我们的大脑很少能够在一种高清晰水平下连续地进行

---

[1] 保罗，埃尔德. 批判性思维工具. 侯玉波，姜佟琳，等译. 北京：机械工业出版社，2020：1-2.
[2] 徐贲. 明亮的对话：公共说理十八讲. 北京：中信出版社，2014：51.

工作，利用文字我们会有机会获得一些清晰性。"思维的文字表达强调"清晰性、准确性、认知性、丰富性"。就像培根说的，文字表达使人成为一个"清晰可见"的人。①

这就是为什么要通过写作去表达批判性思考。就拿我自己来说吧，虽然我做老师，但你能相信我其实有些社交恐惧吗？不瞒你说，我教说理，但让我去参加辩论赛可不行，我的口头表达比较差，脑子反应也不快。每学期开始上课的时候，总有学生说"这个课听起来就超级难"，或者说"不行呀，我逻辑很差，肯定写不出来的"。其实没关系，思维是需要训练的。谁也无法说，自己时刻都能一针见血地指出对方话语中出现的逻辑错误。"说理写作"是一门依靠有意识的持续练习就可以达到目标的课程。

说理写作是通过写作的方式去讲道理，它同时包含思维层面与表述层面。期待你能够：

- 对一个问题多角度考察其背景，有逻辑地使用合理论据阐述自己的观点。
- 评估一项论证的有效性，与别人进行有聚焦的对话。
- 具有反思自己的初始想法的意识。
- 开始关注社会现实、思考各种社会现象，对身边的事件有基本的敏感度，能够发现问题、有效说理，形成使用理性话语的习惯。

说真的，最终这个目标比较难以实现，它需要长期的训练。我说的"训练"不是指做练习题或者不停地写作文这样的训练，

---

① 卡比,古德帕斯特.批判性思维与创造性思维.韩广忠,译.北京：中国人民大学出版社,2016：8.

而是一种自己对自己的思维训练,遇到任何争议都探究一下原因,听听不同的观点,理性地做出判断。这挺难做到的。人们多多少少有些自我保护的思维障碍,比如,会将自己的行为合理化。我曾经遇见过至少三个高考没有考上理想大学的朋友,自己给出的解释都是"涂错了答题卡"。再如,否认。作弊学生的家长来到学校,极力解释自己的孩子多么用功读书,就是不愿意承认孩子作弊的事实,因为他们无法接受孩子"有作弊这样的品质问题"。而实际上,一次作弊并不能像很多家长判定的那样被归为"品质问题",我们需要的只是找到作弊的原因,再对症下药。

保罗和埃尔德将批判性思维的发展分为六个阶段[1]:

完善的思考者
(有技巧和判断力的思维成为我们的第二本能)

高级的思考者
(我们随着自己的练习不断地进步)

练习中的思考者
(我们认识到常规训练的必要性)

初始的思考者
(我们尝试着改善自己的思维,但是却没有常规的练习)

质疑的思考者
(我们开始认识到自己思维中存在的错误)

鲁莽的思考者
(我们不能意识到自己思维中的重要错误)

---

[1] 保罗,埃尔德. 批判性思维工具. 侯玉波,姜佟琳,等译. 北京:机械工业出版社,2020.

不同的人处于不同的思考阶段。我希望，学完这门课的你，起码能够成为一个"初始的思考者"，能够清晰地表达问题，检查信息的准确性和相关性，能够发现偏见、不公正，并尽量注意到何时的自己是以自我为中心的，能冷静地、就事论事地讨论问题。当然，也盼望你能进行更多的尝试，成为终生的思考者。千万不要担心自己的能力不足，我们每个人都是思考的练习者。

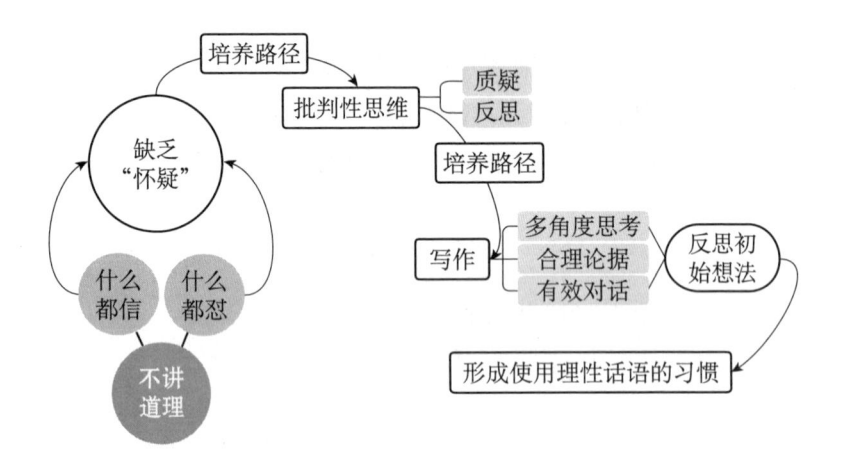

练 习

请选择一个最近发生的且你感兴趣的社会热点事件，按照以下步骤写出你对这一事件的看法。

步骤一：用150字以内的连贯语句简述这个事件。

_____

_____

_____

步骤二：这一事件当中的主要争议点是什么？

_____

_____

步骤三：面对这个争议点，你的想法是什么？

_____

_____

步骤四：你为何会这样想？请用 150 字以内的连贯语句阐述。

_____

_____

_____

_____

这个练习最重要的一步：在读完整本书之后，请你一定再回头检视一下你现在的答案，并思考它是否存在什么问题。

小花的练习本

步骤一：用 150 字以内的连贯语句简述这个事件。

北京市中考政策又有新变革。除语、数、英外，只保留物理一门进行闭卷考试，并作为计入中考成绩的考试科目。道德与法治改为开卷考试，历史、地理、化学、生物只作为考查科目，不计入中考成绩。教委的解读是，希望此举能让学生将更多时间用于学习兴趣的激发和学科思维的培养，也让老师从应试教学回归素养教学。

步骤二：这一事件当中的主要争议点是什么？

减少和调整考试科目是否有利于学生学习兴趣的激发和学科

思维的培养？

步骤三：面对这个争议点，你的想法是什么？

减少和调整考试科目未必让学生更有学习兴趣和学科思维。

步骤四：你为何会这样想？请用150字以内的连贯语句阐述。

只要有计入中考分数的科目，大家就会去学那些科目，不会去培养别的兴趣。中考淘汰率那么高，谁有心情去发展别的兴趣？就算我想，家长也不会任由我放着计分的物理不提升，去研究一个不占分的地理。最后的结果就是大家拿所有的精力去学物理，其他科目随便学学，拿个差不多的分数就行。

二、说理写作的原则

可能,你的脑子里活跃着很多稀奇古怪的想法,但你不确定是否都能告诉别人,所以干脆选择闭口不言。也可能,你面对一个争议事件时脑子却一片空白,听到正方说的觉得有道理,而听到反方的说法觉得好像也对,明明自己应该是有判断的,却抓也抓不住。这又是怎么回事呢?

当别人用"从来都是这样嘛""这就是事实啊"来说服你时,你好像觉得有哪里不对,但又说不出哪里不对。这时,要如何回击呢?

你也会怀疑:我的想法正确吗?别人会认同我吗?我好像是个很情绪化的人,那么我能"客观"地看待问题吗?

在这一章里,让我们解开这些顾虑吧。

1. 不管讨论什么问题,都要先澄清概念

预制菜进入学校食堂的问题引发了社会的广泛讨论。有人说,预制菜保质期长,添加剂多,饭菜不新鲜,营养流失,给学生吃不合适。有人说,预制菜早就普及了,学校食堂也经常用预制菜,这根本不是突然出现的问题。还有人说,预制菜偶尔吃没问题,但放在食堂天天吃、顿顿吃肯定不行。最后有人总结说,

预制菜本身没有问题，但家长和学生需要对学校食堂是否使用预制菜有知情权和选择权。

这里，支持与反对预制菜进学校食堂的双方对"预制菜"的概念界定完全不同。实际上，预制菜可以分为四类：（1）即食食品，如各类罐头；（2）即热食品，如方便面、自热米饭；（3）即烹食品，需加热烹饪的半成品（如速冻玉米胡萝卜粒）或成品菜（如高铁盒饭）；（4）即配食品，如超市售卖的免洗免切净菜。引起强烈反对的"保质期长、添加剂多"的预制菜是即烹食品，即高铁盒饭性质的学校盒饭；而反驳者所说的早已普及、学校食堂也经常使用的预制菜，是即食食品如午餐肉、火腿肠，或者半成品鲜切菜。当我们明确了概念范畴，这个问题就没什么讨论空间了。2021年8月，教育部、市场监管总局和国家卫生健康委联合发布的《关于加强学校食堂卫生安全与营养健康管理工作的通知》要求"学生餐应做到品种多样、营养均衡，搭配多种新鲜蔬菜和适量鱼禽肉蛋奶"，"学生餐从烧熟至食用间隔时间不得超过两小时"。即烹食品预制盒饭显然难以达到要求。

而一些地方是由全市的中央厨房做好盒饭，再统一配送到学校，学校食堂并未进行任何再加工，这种盒饭并不属于"预制菜"的范畴。但这当中存在的问题很大。它也许确实是现场烹制，但当天制作几万份饭菜，再分别配送到各个学校，配送时间、卫生、营养、口味如何保证？我们确实需要质疑这类盒饭进入校园的合理性。但要讨论这个问题，焦点就不是"预制菜是否应该进校园"，而是"是否应允许中央厨房统一制作并配送盒饭到学校"。如果家长和社会提出的是对中央厨房的质疑，而得到的回应是"我们并未使用预制菜"，那么相关方就是在偷换概念、混淆视听。因为重点根本不在于这是不是预制菜，而在于如何保障饭菜的口味和品质。

准确的概念界定使我们的讨论聚焦和明确，省去很多麻烦，而持续的概念模糊、泛化的讨论则会有严重的后果。

我们来看一个更激烈的例子。经常有这样一类视频：在高铁上，"熊孩子"大喊大叫，家长不管不问，旁边的乘客气得发疯。每一条这样的短视频下面都有激烈的争论。

"会生不会管，生孩子干什么？"

"那么小的小孩你来管，看你有本事让他不哭！"

"小时候不管，长大就是巨婴！"

"你多大岁数了，在这骂一个小孩哭，你才是巨婴吧！"

"有这时间多去管管你家孩子吧，还在这跟我吵？"

"看你现在吵架这样，你小时候肯定比这闹多了吧？"

浏览这些评论，多半会发现，相互对立的两方根本不在同一个频道。当然，一个不可忽视的因素是，身份会影响判断。已经有孩子的人对孩子吵闹声音的容忍度肯定更高，也更能体谅家长带孩子出行的不易。而没有孩子的青年学生或上班族在高铁上想要安静休息，这个要求也无可厚非。更重要的是，"熊孩子"，正逐渐被泛化为一个笼统的概念，似乎所有 14 岁以下儿童都可以被包含在这个范畴内，泛化后的概念变成了一顶帽子，但凡这个群体当中的一员有一点不符合成人社会要求的地方，就被扣上这顶帽子。网络上，讨伐"熊孩子"像是一种政治正确。然而，小月龄的宝宝、幼儿、儿童，是完全不同的概念。婴幼儿很难控制自己的行为，尤其一岁以内的孩子甚至不会说话，幼儿也往往没办法清晰表述想法，就会用哭声来表达。由于难以了解孩子的需求，大人哄劝未必管用。面对一个哭得撕心裂肺、想法不被理解的小宝宝，孟子所说的"恻隐之心，人皆有之"在此处应该发挥作用了，这也就是我们现代社会所说的"同理心"。如果此时的想法只是"这孩子真烦"，那这种心理是很可怕的。不过，引起众怒的通常是那些年龄更大的、在车厢里跑跳打闹或者视频放很大声音、家长却对此不管不问的孩子。大家的愤怒并不是针对孩子的，更多是针对家长对孩子违反公共道德行为的漠视和放纵。

如果将各个年龄段、各种不同类别的行为都收入"熊孩子"的网中，会影响到所有孩童及家长。我们看到一个家长自述，因为九个月大的孩子坐火车哭闹，所以自己抱着孩子在车厢连接处站了几个小时。又有人发视频，记录自己坐高铁时与三四岁孩子家长的争吵，家长吼道"你弄死他吧我管不了了"，看得出这位家长也非常无助，此刻他一定希望有人来帮他一下，但是周围人对他只有指责和排斥。对于这种愈发激化的矛盾，火车乘务员也非常紧张。一位作家曾发微博讲述自己带孩子坐火车，孩子好端端的什么都没做，乘务员也会来提醒家长看好孩子不要走动。

让人们愤怒的是什么？是火车上破坏公共秩序的行为，而不是孩子这个群体本身。而如今概念却泛化使矛头指向"孩子"这个群体。一个同事曾经抱怨说，现在我带着孩子出门就像带着原罪一样。对"熊孩子"的剑拔弩张式强调,也使人们忽略了矛盾的主要方面。

所谓"熊",到底是什么意思?试图给它下一个定义,就是在理应了解并遵守公共道德的时候仍然破坏公共秩序,且无人制止。"熊"不仅限于孩子,也可应用于大人。我们常见在火车、地铁上外放音频或大声打电话甚至抽烟的人,但未必有勇气去制止。有一次我坐火车,同车厢有四个十来岁的孩子在打牌,声音不大,并不会干扰别人,只是中途有一个孩子站起来了,乘务员马上走过来严厉地说:"小朋友坐下!"我当时不禁在想,此时如果是四个壮汉在打牌,就算他们发出噪声,乘务员会做出同样的反应吗?

澄清概念,是讨论所有问题的前提。有时概念被模糊地讨论,有时被故意地混淆,这样讨论下去都得不到真正的结果,甚至南辕北辙。随着网络传播的迅速,有时候我们也会听到被制造出的新名词,一些流行用语好像什么都可以指代,但并没有实际的含义。或者听起来很艰深的词语,大多有故作高深的嫌疑,通过制造别人听不懂的词语来掩饰自己本身的浅薄,或达成特殊的目的——说个陌生的词,先把你吓唬住。此时,我们更需要去思考词语的含义,确定讨论的核心。

```
          所有讨论的前提
              ↑↓
    聚焦   明确
         偷换概念
      澄清概念
         泛化概念       使辩论双方不
                      在同一频道
         模糊概念
```

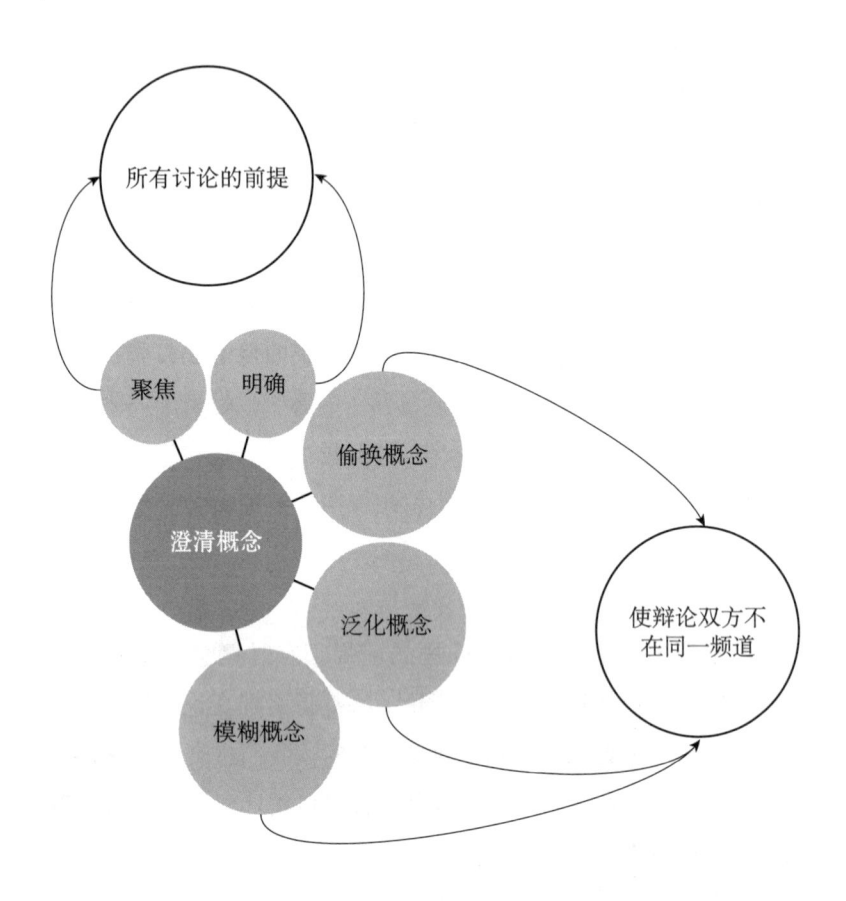

练 习

请阅读三石同学的这篇文章，指出文章存在的问题。你可以随意在文中圈画、批注。

抵制"心魔"

在这个物欲横流的时代，理智的行为可谓越来越少；为了自己内心的满足，人们能做出他人无法想象的事。网上还有一盆盆的心灵鸡汤给人们灌输"要顺应你内心的选择"。我倒觉得，与其用行动去抵制一些使我们受伤害的东西，不如去抵制自己的"心魔"。

美国在韩国部署萨德系统，而这被疑针对的是中国，会给我们的国家安全带来很不利的影响。韩国乐天集团为萨德系统提供了支持，这当然激起了国人的极大不满。在当时的"反韩"热潮中，中国大部分乐天超市倒闭了，许多中国员工遭到人身攻击和辱骂。这些"喷子"对反对萨德系统起到了什么实质作用呢？他们对萨德系统毫无影响，却对本国人大打出手，这难道是我们的初衷吗？无独有偶，之前与法国关系紧张时，也有人去砸家乐福超市，超市外面是中国人，里面是中国员工，打来打去都是自己人，而法国的家乐福还好好地开着。

还有，杜嘉班纳的"辱华"风波也引得国内一片哗然，网络"喷子"重现江湖，他们高喊："让杜嘉班纳滚出中国！"杜嘉班纳的董事会本来还非常紧张，在视频里集体道歉。然而，谁能想到，才不过一周，杜嘉班纳就删除了这段视频，董事长还扬言："中国人不长记性，过两天还会来买。"这段话再一次将杜嘉班纳推到了风口浪尖，网络"喷子"们又集体出动，各处发表抵制言论，这场网络之战轰轰烈烈，持续良久。而某种意义上，杜嘉班纳的董事长并没有说错，很多人所谓的抵制都放在嘴上，顶多在家里动动键盘，根本没有用。

我认为，只有当"抵制"能够成为一种社会风气，成为一种每个人心中应有的责任，这种抵制才是真正有效的。例如，外卖行业占我国餐饮业的份额越来越高，外卖的安全问题也逐渐浮现——地沟油、过期材料、加工地点不卫生，不胜枚举。随着群众的举报、媒体的报道，有关部门介入调查，许多名人也站出来发声，就这样，一些存在卫生问题的黑心商家正暴露在人们面前，并得到了应有的惩罚。随着每个点外卖的人警惕意识的提高，大家也懂得去抵制黑心商家，让一些不良商家没有退路，只好退出外卖行业，让我们的外卖安全得到了保障。这不仅推动了外卖行业的发展，更保证了大多数人的健康。

换一个角度来看，抵制"心魔"另有深意。比如现在有很多人说要抵制奢侈品消费，把出租车司机"仇富杀人"和大学生借高利贷买奢侈品这些事件都归结为奢侈品的错。可是，出租车司机的问题显然是司机的价值观扭曲和心理问题，大学生借高利贷买奢侈品的主要原因是盲目跟风和攀比的病态消费观。所以，我们要做的不是抵制奢侈品消费，而是抵制"心魔"，抵制内心超出自己经济承受范围的欲望。应当加强教育，让人们树立正确的理性的消费观。换句话说，如果没有正确的消费观，即使中国全面抵制奢侈品消费，这些人也会在其他方面进行攀比来满足自己的虚荣心。

所以，我们需要理智地面对自己和世界，尤其是面对我们心中相当抵触的东西。我们不能用特殊或者很激烈的手段，这样反而会适得其反。我们在内心把一种行为或是一个人或是一件事情悄悄"拉黑"，从内心抵制才是真正最有效的手段。

光头的练习本

抵制"心魔"

> 这个题目看起来还挺吸引人的,让读者挺想知道"心魔"是什么。

在这个物欲横流的时代,理智的行为可谓越来越少;为了自己内心的满足,人们能做出他人无法想象的事。网上还有一盆盆的心灵鸡汤给人们灌输"要顺应你内心的选择"。我倒觉得,与其用行动去抵制一些使我们受伤害的东西,不如去抵制自己的"心魔"。

> 这里对"心魔"的定义似乎是"不良的内心选择",但这个概念是很模糊的。

美国在韩国部署萨德系统,而这被疑针对的是中国,会给我们的国家安全带来很不利的影响。韩国乐天集团为萨德系统提供了支持,这当然激起了国人的极大不满。在当时的"反韩"热潮中,中国大部分乐天超市倒闭了,许多中国员工遭到人身攻击和辱骂。这些"喷子"对反对萨德系统起到了什么实质作用呢?他们对萨德系统毫无影响,却对本国人大打出手,这难道是我们的初衷吗?无独有偶,之前与法国关系紧张时,也有人去砸家乐福超市,超市外面是中国人,里面是中国员工,打来打去都是自己人,而法国的家乐福还好好地开着。

还有,杜嘉班纳的"辱华"风波也引得国内一片哗然,网络"喷子"重现江湖,他们高喊:"让杜嘉班纳滚出中国!"杜嘉班纳的董事会本来还非常紧张,在视频里集体道歉。然而,谁能想到,才不过一周,杜嘉班纳就删除了这段视频，董事长还扬言："中国人不长记性，过两天还会来买。"这段话再一次将杜嘉班纳推到了风口浪尖，网络"喷子"们又集体出动，各处发表抵制言论，这场网络之战轰轰烈烈，持续良久。而某种意义上，杜嘉班纳的董事长并没有说错，很多人所谓的抵制都放在嘴上，顶多在家里动动键盘，根本没有用。

我认为，只有当"抵制"能够成为一种社会风气，成为一种每个人心中应有的责任，这种抵制才是真正有效的。例如，外卖行业占我国餐饮业的份额越来越高，外卖的安全问题也逐渐浮现——地沟油、过期材料、加工地点不卫生，不胜枚举。随着群众的举报、媒体的报道，有关部门介入调查，许多名人也站出来发声，就这样，一些存在卫生问题的黑心商家正暴露在人们面前，并得到了应有的惩罚。随着每个点外卖的人警惕意识的提高，大家也懂得去抵制黑心商家，让一些不良商家没有退路，只好退出外卖行业，让我们的外卖安全得到了保障。这不仅推动了外卖行业的发展，更保证了大多数人的健康。

> 这两段就完全没有提到"心魔"了，看上去是想举例说明"不理性的后果"。

换一个角度来看，抵制"心魔"另有深意。比如现在有很多人说要抵制奢侈品消费，把出租车司机"仇富杀人"和大学生借高利贷买奢侈品这些事件都归结为奢侈品的错。可是，出租车司机的问题显

> 看到此处，我们终于知道，"抵制"这个词在文中有两种意思：一种是抵制心魔，另一种是抵制黑心商家……

> 这里的"心魔"又是"超出自己经济承受范围的欲望"。

然是司机的价值观扭曲和心理问题，大学生借高利贷买奢侈品的主要原因是盲目跟风和攀比的病态消费观。所以，我们要做的不是抵制奢侈品消费，而是抵制"心魔"，抵制内心超出自己经济承受范围的欲望。应当加强教育，让人们树立正确的理性的消费观。换句话说，如果没有正确的消费观，即使中国全面抵制奢侈品消费，这些人也会在其他方面进行攀比来满足自己的虚荣心。

所以，我们需要理智地面对自己和世界，尤其是面对我们心中相当抵触的东西。我们不能用特殊或者很激烈的手段，这样反而会适得其反。我们在内心把一种行为或是一个人或是一件事悄悄"拉黑"，从内心抵制才是真正最有效的手段。

总结：文章先提出了"抵制'心魔'"，这是一个抽象的概念，而且是一个自定义的概念，但又没有明确这里的"心魔"到底是什么。而且"抵制"得比较混乱，一会儿谈抵制外国企业，一会儿谈抵制奢侈品，一会儿谈抵制自己的不合理欲望。前面说用行动抵制不如内心抵制，后面又说不能只动动嘴，要用实际行动抵制。标题中两个词的含义从头到尾都不清晰。

2. 存在即"合理"吗？

想想你从小到大的经历，有没有老师说过"女生理科不行"或"男孩子怎么能哭呢"？有没有在路上碰见过有人大骂"都是因为你们外地人来了，北京才这么乱"？有没有看到过网上有人说"过圣诞节就是卖国贼"？

每个人都会根据自己有限的亲身经历得出一些没什么确切根据的结论，并选择性地忽略一些与之相反的案例，于是偏见就形成了。对于这个问题，美国弗吉尼亚大学的乔纳森·海特教授在研究了一系列有趣的实验之后得出了一个结论：我们的内心更像律师而不是科学家，也就是说，我们更愿意为自己的已有想法寻找各种理由和证据并倾向于相信它们是真的，而看到相反的证据时会选择忽略而不是转变自己的想法。[1] 比如，当你被灌输了"女生理科不行"，你遇到的每一个理科差的女生都会强化你的观念。当然也有很多理科优秀的女生，但她们常常被选择性忽略，或被认为是"偶然"。天平一旦倾斜，很难找到扳回平衡的砝码。

心理学上也有"看不见的大猩猩"这个实验：一群穿白色和黑色衣服的人在传球，先告诉你说，等一下会问你穿黑色衣服的人传了几个球，大家自然会盯着穿黑色衣服的人看，很多人没注意到，在传球的过程中，一只大猩猩从传球的人面前走过。

"实验结果越来越令人不安。珀金斯发现，迄今为止，智商仍然是人们说理能力好坏的最重要指标，但它预示的仅仅是我方论点的数量。聪明人确实能成为优秀的律师和新闻秘书，但他们在寻找对方的理由上并不比其他人做得好。珀金斯总结说，'人们仅仅把智商用于支撑他们自己的观点，而不是用于更全面和公

---

[1] 海特. 正义之心：为什么人们总是坚持"我对你错". 舒明月，胡晓旭，译. 杭州：浙江大学出版社，2018：73.

允地探究整个议题'。"①

听上去有点令人伤感,但我们得想点办法让自己不要在偏见里坐以待毙。

这些偏见都真实地存在于我们的生活中,而日常有一句说得很顺口的话叫作"存在即合理",听起来可以解释一切事情。这里的"合理"被理解为比较宽泛的合适、公平、平等……但这句话并非那么简单,黑格尔肯定不会同意我们把这句话做这么"无赖"的一个理解。

所以,在我们开始与人说理之前,一定要搞清楚两个概念:事实与观点。

听上去很简单,对不对?事实就是确实存在的东西,观点是你看待问题的角度和想法。事实是你无法否认的,观点是别人可以反驳、大家可以讨论的。

那么,如果将事实与观点混为一谈,将会出现什么现象呢?我们在不经意间几乎都遇到过:通过对事实与观点的故意混淆,将个人或一部分人的观点作为所有人都需要认可的事实,不容置疑,就像不听取辩护就根据个人好恶判定别人的罪责一样。

同样地,如果一件事确定是事实无疑了,我们就需要完全认可它吗?也未必。

很多人看到的事实可能是一样的,但对这个事实的解释却很不同,这源于我们的观念和所处的立场。比如,你的朋友交了一个新男朋友,同学 A 恭喜她,同学 B 嘲笑她,老师找她严肃谈

---

① 海特.正义之心:为什么人们总是坚持"我对你错". 舒明月,胡晓旭,译. 杭州:浙江大学出版社,2018:84.

话，她的家长感到焦虑。这就是看问题的角度不同，对这个事实的理解不同。

关于事实，有一些需要澄清的概念：
- 事实不一定是自然的。
- 事实不一定是一成不变的。
- 事实不是我们必须要接受的。
- 事实如此不等于应该如此。
- 发现和了解事实很重要，对事实的解释更重要。

比如下述几个事实是不同的。

地球是围绕太阳转的。

这当然是事实，而且是自然的，已经持续了相当长的时间，起码在我的有生之年应该不会改变。

人们通常用杯子喝水。

没错。这个事实存在是因为人类在长期的历史发展过程中发现用这个形状的东西喝水最方便，而且人们将这个物件命名为杯子。它并非自然现象，但它目前的存在是普遍的且可以被解释的。这个事实中也不包含对错。用碗喝水当然也可以；如果用锅来喝水，不是很方便，但不能说就是错的。

中医与西医的治疗方法不同。

这是显而易见的事实。但你一定要去比较孰优孰劣，这个比较本身就没有必要。说中医肯定没有西医治疗效果好，或者中医一定胜过西医，这个判断标准又是什么呢？

"同工不同酬"这一现象在全球范围内普遍存在。

这一现象是客观存在的。但客观性不等于合理性。世界上有很多不平等，它们都是确切存在的，可能还会长期存在，但它们都需要被消除。而且我们还需要思考：有哪些复杂的原因助力了这个局面的形成？虽然事实是客观的，但事实的产生并不全是客观作用的结果，恰恰有很多是主观的、制度性的原因造成的。

事实可以作为证据来证明你的观点，但事实如此并不等于应该如此，这是实然性与应然性的区别。某人做了一件事，不证明这个人有做这件事的权利；而一个人有做某事的权利，也不证明他或她有义务要去做某事。

举两个简单的例子：
- 我的同桌昨天骂我。→ 我的同桌应该骂我。
- 结婚之后人们可以生孩子。→ 结婚之后人们应该生孩子。

我的同桌昨天骂我，但他并不具有骂我的权利。人们在婚后有生孩子的权利，但没有义务必须生个孩子出来。如果你运用了"事实如此等于应该如此"这个逻辑，你就犯了实然/应然谬误：
- ×××有那么多钱，他为什么不捐一个亿出来？
- 你游泳那么好，为什么不去当游泳运动员，偏要来学物理呢？
- 这孩子学习能力很强啊，为什么他会不学习呢？

一定要清楚：我可以做什么，不代表我应该做什么，当然也不代表我就会不做什么。

现在呈现在我们面前的已经发生或正在发生的"事实"，随着时间的推移，都可能被改变，并且有很多种可能性。回到前面的中医与西医的例子，现在你去国内的中医院看病，医生往往会要求你做必要的抽血化验、做B超、照X光；西医院也会给你开中成药，叮嘱你清淡饮食。中西医的治疗方式很不同，但可以融合运用。如果一定笃信其一而排斥另一个，就有些欠妥。你看，对于同样的事实，人们可以做出不同的判断，选择不同的道路。

说到这儿，你可能会马上反驳我说：很多事情一直以来都保持同一运行模式，成为一种行为习惯甚至是社会规则，肯定有其道理。咦？一直以来这样，就是对的吗？行为习惯和社会规则都是讲道理的吗？你可能又陷入了诉诸流行/诉诸传统的谬误圈套：

● 大家都这样啊，我这样有什么问题？

很多行人闯红灯而且没有被罚款，所以闯红灯就是对的吗？我们就都可以这样做吗？——诉诸流行的逻辑是，大多数人这么做，它就是对的。但社会是在发展的，可能性是越来越多的，大部分人这么做也并不代表什么。

没理可讲的人，除了依赖"大多数"，还会求救于"老祖宗"。诉诸传统有一个逻辑：传统的都是好的，自古以来的都是对的。现在啊——不行了，世风日下。恨不能回到古代去才好。

你不能只用"以前都这样"来证明"现在也应该这样"，你还必须说出，为什么以前这样做是好的或正确的。若是只用"以前都这样"的逻辑，那么以前还有皇帝奴才、三纲五常，现在是不是也要这样？如果"传统"都不容置疑，那还谈何进步和创新？

看到这里，你桀骜不驯的心有没有又活跃起来了？可能也有一点迷茫？你也许会好奇：既然每个人对同一事实的看法可能会不同，我们到底要怎样讨论问题呢？是不是真的"公说公有理，婆说婆有理"？

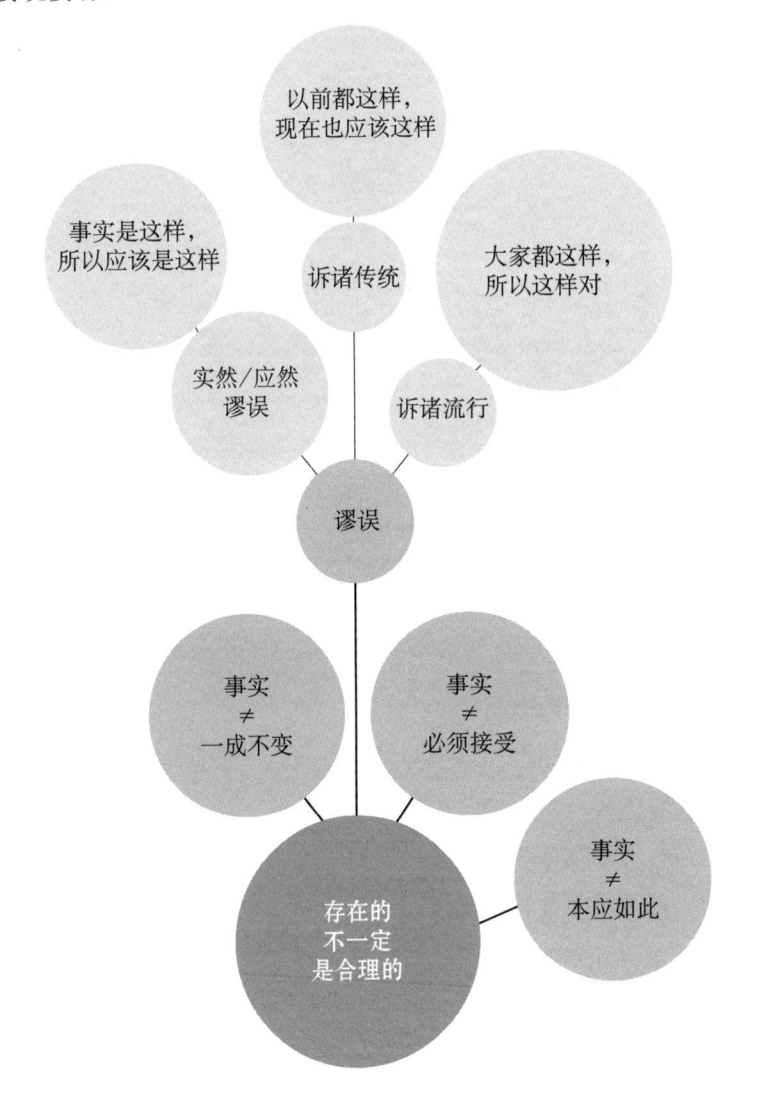

- 以前都这样，现在也应该这样 — 诉诸传统
- 事实是这样，所以应该是这样 — 实然/应然谬误
- 大家都这样，所以这样对 — 诉诸流行
- 谬误
- 事实 ≠ 一成不变
- 事实 ≠ 必须接受
- 事实 ≠ 本应如此
- 存在的不一定是合理的

练 习

写出 10 种你看过/听过/经历过的刻板印象。

1.
2.
3.
4.
5.
6.
7.
8.
9.
10.

小星的练习本

写出 10 种你看过/听过/经历过的刻板印象。

1. 抑郁症就是太矫情。
2. 男生撑遮阳伞就被说"娘炮"。
3. 艺术生或体育生的成绩一定不好。
4. 打电竞就是不务正业。
5. 追星族都是"脑残粉"。
6. 信仰某种宗教容易冲动引发战争。
7. 北京学生考清华、北大很容易。
8. 胖子就是自控能力差,不克制。
9. 见到乞丐第一反应就觉得是装的。

10. 人们普遍可以接受"家庭主妇"而难以接受"全职奶爸"。

3. 既然没有人能完全客观，我们到底要在什么立场上讨论问题呢？

针对这个问题，我们先来看这样一些主张：

热带鱼：我们应该以中立的视角看待问题，不要做出自己的判断。只说确凿的事实，就事论事，应保持不发表具体意见的完全中立立场。因为如果是别人的事，你根本就没有权利替别人做出判断；如果是跟自己相关的事情，我们也会因为带有立场而没法做到"旁观者清"，很可能做出错误的判断。

光头：既然没有人能够完全客观，那我们就应该在遵守最基本的律法和道德的基础上，从自己的利益出发进行讨论，这样起码可以让事情尽可能地向自己期望的方向发展。讨论就是在让步与表达想法间达到一个平衡，所以，面对同样问题的人尽可能多地表达符合自己利益的观点，最后不就能形成一个让多方满意的局面了吗？

三石：我们应当尽量站在别人的立场上思考问题，因为这样才能达成共识。只有当你站在他人的立场上时，你才能清楚地体会到别人关于这件事情的想法和心中的顾虑，更好地了解对方的用意。同时，如果对方也这样做，则可以在潜移默化中达成一种默契，相互站在对方的立场上思考，为对方着想，最终达成共识。

小花：既然没有人能完全客观，那就尽量将自己剥离出这件事情，不要让自己深陷其中。如果一个人讨论某事时自己仍处于事情当中，由于涉及自己在这件事中的利益，他或她看问题的角度很可能是不全面的，其言论的可信程度也会大大降低。我们可以尝试将自己与问题分离，站在问题外思考；当不能分离时，尝试换个方向，站在对立面思考问题；综合上述多种角度，严谨地权衡利弊。

暂停，先不要往下读。请先想一下，通过初步的判断，你会同意以上哪位同学的想法？为什么？

接下来，我们逐一梳理这些想法。

首先是热带鱼同学的主张。"只说确凿的事实，就事论事"当然是一种很公平的讨论原则，但"完全中立""不做判断"就有点令人困惑了：如果没有自己的判断，那讨论的意义何在？接着，他提出了一个两头堵的说法：如果是跟自己相关的事，则无法做到"旁观者清"；如果是别人的事，你又没法帮人做判断——那我们岂不是什么都看不清了？只好做一个"完全中立"的和事佬，事不关己，高高挂起，遇事三缄其口。这恐怕不是我们说理和讨论的目的。

与热带鱼的主张类似，也有的同学会说，如果我尽量说一些大家都认可的观点，是不是更"安全"？现在网络暴力这么普遍，是不是需要更加谨言慎行？

对此我要说的是，不要惧怕"挑起矛盾"。在上一节的练习中，小星提到的每一种刻板印象如果展开讨论，大概率都会引向激烈的争论，小星也将被扣上"挑起矛盾"的帽子。实际上很多矛盾是始终存在的,比如对待电竞的两极分化态度、各地教育资源的不均衡,再如盲道占用、医疗资源紧缺,这些矛盾并不是谁在网上说了几句话才出现的,而是一直潜伏在社会表象的背后。只不过,它会在事件发生的那一时刻暴露出来。如果大家不敢讨论,或是不被允许讨论,问题就会堆积在那里,等到下一次更激烈地爆发。我们历史上的很多伟大变革,都是在矛盾和对立中迸发出来的。《实践是检验真理的唯一标准》之前,已经有长达两年的关于"两个凡是"与"冲破'两个凡是'"的交锋,有大量的论战、拉扯,即便是此文发表并被《人民日报》转载之后,仍然有权威人士说它犯了"严重的理论错误",会"引起思想混乱"[1],但现在,通过历史研究,我们知道,《实践是检验真理的唯一标准》造成的"一石激起千层浪"的效果,并不是因为它引发了矛盾,而是它回应了早已存在的矛盾。

面对矛盾,我们需要做的是在它变得更激烈之前去思考和回应,而不是假装它不存在。况且,没有很多"大家都认可的观点"。想想我们之前讲过的"事实与观点",除了"地球绕着太阳转"这样的自然现象,连一成不变的事实都非常少,何况是观点。

光头同学代表了相当一部分人的想法:我干吗不为自己考虑呢?

只从自我的角度或"选择性盲视"与全面地看待问题,最后得出的结论可能是完全不同的。以下是光头同学关于"我们是否

---

[1] 光明日报编辑部. 实践是检验真理的唯一标准:纪念真理标准问题讨论30年. 北京:光明日报出版社,2008:7-116.

应该少订外卖"这个问题发表的看法：

> 对于选择午饭不在食堂解决的人来说，出去吃和订外卖就成为二选一的问题。订外卖很方便，而且省去了跑腿的工夫，多远的餐厅美食都能让送餐员给你送到门口。而且外卖App上不时有优惠活动，省时又省钱。从个人角度考虑，我当然是支持订外卖的；从环保角度考虑，我也知道相比于到店吃，外卖会产生很多塑料垃圾。但是外卖的确给我的生活带来了便利，所以说订外卖还是利大于弊。

因为订外卖让"我"更方便，所以订外卖利大于弊。以结果是否对"我"有利来判断一个事件的好坏，而忽略了更大的环境因素，这种判断标准可不太行。如果少订外卖，那"我"吃饭多不方便呀！所以也就考虑不了污染环境那么大的问题了。这构成了诉诸自利的逻辑谬误，也就是，以自身的利益作为论证的唯一理由。况且，环境污染并不是真的"与我无关"，反而比是否点餐方便对我们的生活与健康影响更大。

一件事是否对"我"有利和它是否正确、是否为真，不是能够画等号的，不能简单地做出这种判断。

我们还经常听到这样劝人的：你这么做，对自己有什么好处啊？

你在对一个问题做出判断时，当然也需要考量是否对自己有利。但除非这件事的利益主体只有你自己——比如这个问题是你要不要每天吃一粒维生素C补充剂，否则你就不能只考虑自己的利益了。

三石同学则相反，他设想了一种很美好的状态：每个人都站在别人的立场上思考问题，因为这样能达成共识。三石的想法确实很高尚。站在他人的立场上，清楚体会别人的想法，得知别人心中的顾虑，"更好地了解对方的用意"——这个初衷很好，如果每个人都能做到如此，世界大同之日可期也。但由此推断这样可以"在潜移默化中达成一种默契"却不甚合理，我们不能从前文直接推出这个结论，况且我们讨论问题的目的不一定是"达成共识"——"我"理解了对方的顾虑和用意，不代表"我"会认同对方并与之达成共识，"我"不认同但也可以包容对方的想法。换言之，如果想法总能"达成共识"，那人与人之间岂不完全趋同？这个现象不一定比大家彼此不认同更好。

最后，小花同学说：我们应当尝试将自己与问题分离，站在问题外思考；当不能分离时，尝试换个方向，站在对立面思考问题，并综合上述多种角度，严谨地权衡利弊。小花正在尝试站在一个更公允的视角思考问题。

作为携带自私基因的人类，我们多多少少都有这样的倾向：
● 愿意相信自己喜欢的人做的好事、不喜欢的人做的坏事。
● 愿意相信对自己有利的观念是正确的、对自己不利的观念是错误的。

当然，这不全是我们自身的问题，新闻媒体也会刻意地倾向于报道友邦的正面事迹、敌国的负面新闻。在即将实施某一政策之前，同样需要进行很长时间的正面宣传和铺垫。

所以，当你在分析一个问题时，你需要从不同的角度考量，有时甚至要站在自己的对立面。

此时，你可能想起，刚刚我花了很多篇幅来鼓励你不要惧怕"挑起矛盾"，怎么现在又要考虑别人的视角呢？

实际上，它们并非水火不容，因为你自己的想法有可能是错的，站在不同立场上思考有助于你修正自己的想法，从长期考虑，这样可以避免形成思维的僵化和认知局限性。

我曾经看到有人对某新闻事件的评论："既然'人不为己天诛地灭'，那么这样做就无可厚非。"这真令人哭笑不得："人不为己天诛地灭"什么时候也能作为可靠论据出现了？这也促使我思考另一个问题：人为什么要为别人考虑呢？我们从小经常接受"要无私奉献""舍己为人"这样的教育，却从没有人告诉过我们为什么要"无私"？将这么高的一个道德标准作为一个普遍的社会伦理要求实在不太现实，"无私"是个太高的境界——每个人都站在别人的立场上去思考，显然不是所有人都能做到的，但我们起码可以要求每个人"公允"地去做判断，而不是只以"是否对我有利"为标准。

但这是为什么呢？我为什么要去做一件明明对我没有利益甚至减损自身利益的事情？考虑一下如下理由：

● 如果每个人都只从自身利益出发去思考和决断，社会契约将被破坏。想象世界是一盒积木，每块积木形状各异，并可以自由地搭出各种形状，但还是要遵循一些基本的原则，比如一块三棱柱积木硬是要孤零零地搭在一个球形积木上面，那整盒积木都要塌了。人类社会也是花了很久才达成现在的契约，形成了《联合国宪章》《不扩散核武器条约》，如果有些国家单从自身发展的角度说"这些对我国没用，我国就退出了"，那在国际社会造成的恐慌就可想而知了。

● 这是一种基于同理心的思考。你并不知道你在何时会处于弱势，你一定不想在另一种情况下，占据有利条件的人会拿走你所有的东西。这虽然也是对从自身功利角度出发的一种思考，但它同时涉及了对公平的考量。政治哲学家罗尔斯曾经提出，人在"无知之幕"背后，即对未来毫无了解的情况下，才能做出最公正的选择。他的理由是，只有这样，由于你不知道自己会不会成为最弱势的人，最终的方案才会是有利于最弱势者的。[①] 这在现实中并不会实现，但我们至少可以尝试更靠近。

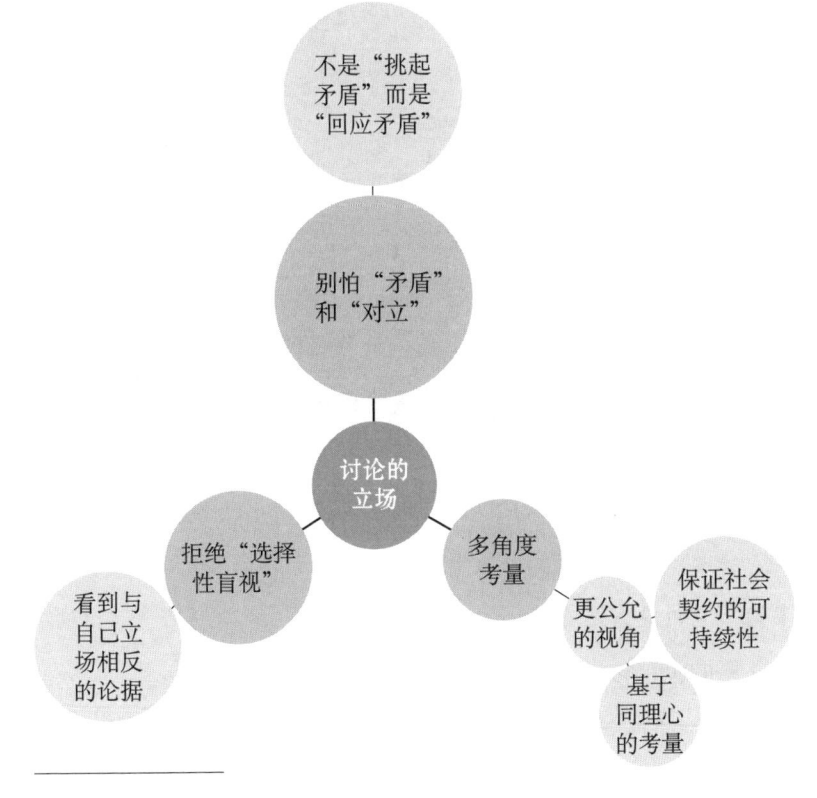

```
                  不是"挑起
                  矛盾"而是
                  "回应矛盾"

                  别怕"矛盾"
                   和"对立"

                   讨论的
                    立场
         拒绝"选择              多角度
          性盲视"                考量
                                         保证社会
  看到与                        更公允    契约的可
  自己立                         的视角    持续性
  场相反
  的论据                         基于
                                同理心
                                的考量
```

[①] 桑德尔. 公正：该如何做是好？. 朱慧玲，译. 北京：中信出版社，2018：159.

👉 给教师的课堂活动小贴士

团体游戏（这个游戏需要至少 10 个人参与）

第一步：宣布分组规则，自由选择座位。

请参与游戏的人坐成一个同心圆，内圈人数与外圈人数相同。如遇到单数情况，则外圈比内圈多一人。内圈是讨论的参与者，最后有一个人会赢，有诱人奖励，输的人会丢掉一点点东西。外圈是观察员，需要做记录，最终投票选出赢的人，并给出充足的理由。

第二步：内圈同学决定奖惩。

在不知道是何种讨论任务的情况下讨论决定奖惩方式（加分或者输的人给赢的人买糖之类的）。

第三步：公布讨论内容和规则。

假设我们每个人出 100 元钱，计算团体的集资数目。这些钱最后只会给一个人支配。里圈的每个人需要陈述并说服别人：这些钱为什么应该给我，我会拿它做什么，为什么做这件事特别重要，以及为什么这笔钱可以用来做这件事。

要求：不能再将钱原数返还每个人。最后，由外圈的同学投票选出觉得最好的方案。

第四步：讨论。

首先，每人做两分钟的方案陈述；然后，有半小时自由讨论，在这个阶段既需要说明为什么自己的方案很好，也需要指出别人方案中的问题，并要回应别人的质疑。

海豚中学的活动记录

海豚中学参与游戏的同学共 19 人,加上老师可以集资 2 000 元。内圈共 10 位同学,他们的方案如下。

灰犀牛:想给爸爸买一双质量好的跑步鞋,因为爸爸平时非常辛苦,而且爸爸喜欢跑步,但他的跑步鞋老是会坏掉,就想给他买一双更好的鞋子,让爸爸更舒服一些。

热带鱼:给学生会议室买长沙发。会议室坐垫太硬了,令人非常难受,而且座位少。买了沙发以后,老师们来旁听议事会时也可以坐着。

三石:学校厕所隔间的门经常坏掉,拿这些钱雇人来修一下,改善厕所环境,造福同学。

小花:购买 40 平方米充气城堡和一个泡泡池,放在操场上。高中生的学习压力都很大,下课去玩一会儿可放松身心。可以收费,1 块钱玩 15 分钟。按照网上的价格,2 000 元钱买这些东西很充裕。

小渔:捐款为山区没法用热水洗澡的孩子安装热水器。

光头:在学校的几幢教学楼和体育馆、食堂门口安置一些公共伞架,雨天可以借伞。每次 5 毛钱,最好请学校的 IT 维护老师将借伞系统设置成可以刷校园卡支付,如果在一个规定期限内没有归还,校园卡就会自动扣掉 50 元钱。

杠杠:直接抽奖。内圈 10 个人,设立一等奖一名,可获得 500 元钱。二等奖两名,各得 300 元钱。外圈 10 个人,一等奖一名,获得 200 元钱,二等奖 5 名,各得 100 元钱。剩下的每个人会获得 8 张彩票,没准也能中奖。

长颈鹿：我们学校的活动室没有禁止打游戏，为了丰富大家的课余生活，可以买一个 PS4 放在活动室，价格 1 900 元，会有全套设备，两个手柄，可以两个人一块儿玩。30 分钟收 10 元钱，差不多每天赚 100 元钱，以后我们就买得起第二台，还可以继续经营……

盼盼：还是买吃的。这样，我们可以在这门课上从第一周到第十周都有东西吃，会让大家很向往这门课，方便又实惠。

海豚中学参与游戏的绝大多数同学把票投给了光头同学，即安置公共伞架。

首先被反驳的是以下这些方案：

灰犀牛的方案：为什么要拿大家的钱给你爸爸买鞋？

热带鱼的方案：大家根本不想让老师来旁听学生议事会好吗！

杠杠的方案：本来我有 100 元钱，抽奖之后很可能只拿到彩票且不中奖。这是一个大部分人亏本的生意。

（灰犀牛同学和热带鱼同学显然根本没考虑他们的说服对象，这可是大家的集资，他们相当于在说："我竞选总统成功以后，会把你们的钱自己花掉"或者"我会把这笔钱花在资本家身上"。而杠杠同学，已经忘了这钱从哪里来，每个同学的 100 元钱都来之不易，大家并不想搞一场赌博。）

盼盼的方案：虽然回馈了大家，但在价值方面略欠缺。

小渔的方案：想法很善良，不过可操作性有待考证。

三石的方案：学校公共设施有问题应该直接找物业修理，而不是让大家集资解决。

(有读者意识绝不是说你要取悦读者或者欺骗读者!)

长颈鹿的方案：1 900元钱根本没法买下全套设备。虽然也很想玩PS4，但不想活动室变成游戏厅。

小花和光头的方案：都比较充分地考虑了听众的感受。大家认为光头同学的方案更有价值，既对投资人有利，又惠及全校，而且有长期的效果。

第二章
提出一个理性的主张

我们已经花了很长的篇幅来进行写作之前的心理建设，以及说明你需要遵循的说理原则，接下来终于要开启写作的步骤。如果一定要总结出说理写作的"套路"，那么就在第二、三、四章了！

简单来说，一段说理的文字要包含几个核心要素：主张、理由、推理过程、证据，并在合适的时机回应可能出现的反对意见。

提出理性的主张需要你掌握做出良好判断的方法。你的证据对读者来说需要可以接受；理由则是联结证据和主张的纽带，它需要与主张相关并且充分。你在写作中最关键的任务就是将这个推理过程以恰当的方式表述出来。同时，你还需要避免逻辑谬误的陷阱——它们很多是我们日常的定势思维，不容易被发现。回应可能的反对意见也非常重要，适时的回应在增强说服力方面的效果事半功倍。

让我们沿着这个路径逐一破解这些方法吧！

每一篇文章应该包含一个核心的探究问题，在书中我们始终围绕这个问题展开研究与讨论。提出一个好的探究问题是说理写作特别关键的一步。你会发现，我将花很长的篇幅来解释一个好的选题需要具备哪些条件，以及如何进行背景资料的查阅。因为如果你最开始提出的探究问题出现偏颇，或者寻找材料的来源混乱，那么还没等开始论证，你就已经"输在了起跑线上"。

一、什么问题可以说理

1. 针对具体事件的说理

首先，我们需要注意，不是所有的问题都适合进行说理。如果你一定要跟我争论：酸奶和可乐哪个更好喝？红黄蓝当中哪种颜色最好看？最终我们多半会不欢而散，因为这只是个人口味和审美偏好的问题，没法通过理性的探讨来解决。

那么，什么是能够说理的问题？当我们看到一些很宏观、包罗万象的作文题目，比如"包容"，实在不知该如何下笔，只有当它们转化成一个更具体、更有针对性的题目时，才能够有效说理。

按照陈嘉映老师在《说理》中的讲法，说理包括因事说理和离事说理。①

因事说理是就某一事件、现象来发表看法，重要的是就事论事，不要东拉西扯。而离事说理是针对一个抽象的命题发表看法，相对也更难一些，要把道理讲清楚，又不能"假大空"，这很需要厚重的理论基础和材料支撑。一些经典著作，比如恩格斯

---

① 陈嘉映. 说理. 北京：华夏出版社，2011：6.

的《家庭、私有制和国家的起源》,或者教材中我们比较熟悉的《修辞立其诚》(张岱年),都是离事说理的代表。

离事说理当然非常重要,它能给我们提供更宏大的理论框架、更广阔的思考空间。不过,我们现阶段最好从因事说理开始。在日常生活中,也是因事说理更多,因为说理不是为了空谈。说出道理来干什么?终究是要去回应和解决实际问题的。越是高度概括的观点,譬如"人生而平等""文化与精神相互塑造",越需要更全面和深入的阐释。

针对一个具体的事件,我们讨论的问题需要:

● 有争议性/能引发好奇。

● 清晰明确。

● 不带有偏见,不预设立场。

我们来具体解释一下。

(1) 有争议性/能引发好奇。

争议代表了讨论价值。如果一个问题已经有确切答案了——如中国的人口在近十年的变化呈现什么趋势?——只要查找资料即可得知,这就不需要"说理"了。但你可以探讨:呈现这一变化趋势的原因是什么?或者,所有人包括你自己都认同某一种观点——譬如自由、平等、公正、法治等一些基本的价值观——我们也没有必要一遍又一遍再去强调它。可以说,争议性越大,讨论价值也越大。比如,我们看到一个事件:

> 某教育局提出了"晚十点不作业"的倡议,即为了确保青少年的充足睡眠,向家长提倡"如果您的孩子晚十点后还没完成作业,我们建议选择不做,只要您郑重签字,第二天

递交给老师即可"。①

现在从这个事件中选择一个你可以在文中探讨的问题。如果你选了"熬夜对青少年身体健康的危害"这一问题去讨论，除非你有重大科研发现，否则你就是在做文献综述。救救老师吧，即便你只是给老师交作业而不是去报纸上发表评论，我们也不想看这样的文章！

你可以尝试寻找这中间有什么样的**冲突**：学生写不完作业，不一定是因为作业太多，可能是因为学生效率低，甚至是因为看电视、打游戏而没有好好做作业。如果是这种情况的话，这个举措就不太合适了。写作业和睡眠的冲突，有什么根本性的原因吗？

这个举措将带来什么**影响**：它能够有效帮助学生平衡学习和睡眠吗？

有什么改进的**可能性**：这个举措只是个倡议，家长可能并不配合（你无法强制家长去做），怎样能有效地让家长配合呢？对于青少年熬夜的问题，是不是有更好的解决方法呢？

这都是一些可能的争议点。

你还有另外一个思路，就是找到这一话题中"使人好奇的点"。

虽然我们一直强调，尽量从多方面去考察问题，在文中体现你对各种立场观点的研究，然而有些事件的性质已经是现代社会

---

① 胡欣红. 晚十点不作业，还孩子睡觉权. 新京报网，（2018-03-02）[2019-05-25]. http://www.bjnews.com.cn/opinion/2018/03/02/477424.html.

的基本共识，比如近些年各地屡禁不止的"戒网瘾学校"，这些"学校"的手段十分残忍，使用电击、殴打、拘禁等方式对待青少年。那么，有的同学也硬是要分别从正反两方面来论述，分析出电击、殴打、拘禁的好处来，这就令人哭笑不得了，因为这些行为已经侵犯了公民的人身自由，违背了人道主义的基本底线。针对这个事件，我们的切入点就不能是单纯的这类"戒网瘾学校"应不应该存在，因为它显然是个不应该存在的东西嘛！你可以分析它屡禁不止的原因——这是个引发好奇的点。奇怪了，这种"学校"使用如此非人道的手段，简直是魔窟，但还是有人推崇它甚至大肆宣扬它，这到底是什么原因？我们的社会还有什么土壤能让这种"学校"存在？这种"学校"如何通过了教育部门的审查？这些才是需要思考的问题。

（2）清晰明确。

对选题来说，清晰是一个相当重要的因素。因为你所有的论述都要围绕一个核心问题展开，如果这个核心问题模模糊糊，最后会让自己和读者都如坠云雾，不明所以。

如果是针对一个具体的事件或现象，不清晰会造成很大的误解。譬如：

政府应该出台什么政策将年均PM2.5指数降到最低？
（到底多低算"最低"呢？）
在你的选题中，每个词的含义都需要清晰明确。
情侣在公共场所秀恩爱的行为合适吗？
（这里的"秀恩爱"是指什么行为呢？这本身就是一个很模糊的词。）

你尤其要警惕"经常""很少""几乎"这样的程度副词,它们的界定是很模糊的。比如,我说"我家的院子里有很多棵树",是10棵、20棵,还是平均每隔1米栽1棵能算"很多"?

语义模糊是一种偷换概念的逻辑谬误,有时会被拿来混淆视听,迷惑你的关注点。它包括有意或无意模糊一个词的不同含义,将不同语义混用,或者内涵和外延混用。

比如:

> 没洗的苹果不能吃,自来水不能直接喝。那为什么自来水洗的苹果就能直接吃?

可是想一下:洗苹果之后留在苹果上的自来水量和你用来解渴的自来水量完全不一样嘛。

"白马非马"的诡辩也是这样。"白马是马"这里的"是"其实是"属于"的意思,而不是完全等同的意思,而咬定"白马不是马"则硬要将"是"理解成等同的意思。

总之,要先明确一个论题到底是什么意思,其中每个词都要含义确切,从而确定一个清晰明确的论题,这样你才有可能写出清晰明确的文章。

(3)不带有偏见,不预设立场。

还记得上一章,我们做过的"写出10种刻板印象"的练习吗?刻板印象源于偏见,而偏见无处不在,你很可能具有一些潜意识偏见,从而提出隐含了偏见的选题。

事实上,许多词语本身就是含有偏见和歧视的。我们的社会正在通过语言表述的改良逐步消除偏见和歧视,显见的譬如长久以来的"老年痴呆症"这个说法已经被"阿尔茨海默病"这一名词取代,"聋子""瞎子"等包含侮辱性的说法已经逐步被替换为"听障/视障人士",不太明显的诸如"嫁人""娶媳妇"这样隐含了婚姻和家族权力关系的词也有更为中性的"结婚"来表示。我们在写文章时尤其需要注意,不要使用这些"有负担的语言"。

同样地,你可能在开始研究这个问题之前就预设了立场:

> 随意评价别人生活是正确的吗?
> ("随意"当然不对了,还有什么可讨论的?)
> 学校怎么就不能允许学生带手机呢?
> (你显然认为学校应该允许这种行为,那我们就无法讨论了。)
> 我们是否应该给那些因挑战人性底线行为而获罪的刑满释放人员补贴?
> (这根本没有给别的选择。先给刑满释放人员一个"穷凶极恶"的标签,再来探讨是不是要给这些人补贴,我无法好好地为这些刑满释放人员争取保障了,因为在情感上没法接受。)

符合以上三个要求,我们的选题就清楚多了。请选择一个你身边的争议话题来试试吧。比如,小浣熊同学就针对身边发生的一件事发表了自己的观点。

我校食堂中午延长供餐时间是否必要

我校近期出现了这样一个争论——部分选了中午加课的同学一点钟才下课,吃不上食堂的午餐,而家长又担心外卖不健康,建议食堂延长供餐时间。对于此问题的讨论,在我看来,是极没必要的。

  首先，我们来关注家长们担心的食品安全问题。外卖卫生问题在之前确实比较严重。2016 上半年，北京市食品药品监督管理局投诉举报中心就收到对三大订餐平台的投诉举报 228 件。不过，之后就进行了连续的监管打击，各大网络订餐平台纷纷下架无证商户，并规定对于不具备食品经营资质的经营者，不得允许其在平台开展食品经营活动。不可否认，现在依旧存在一些监管打击下的"漏网之鱼"，但学生选择知名度高、有明确地址的餐饮企业，便可以解决这个问题。

  其次，补课的只是少部分同学，因为不涉及全部同学，食堂延时便产生了困难。延长哪个窗口，该准备大约多少份饭菜才能减少浪费，都是需要经过调查才能得出结论的。若是只开放一个窗口，补课的同学们每天都要吃同样的抑或是不喜欢的饭菜，相比之下，外卖便更具优越性。若是轮流开放各个窗口，食堂又要每天准备不同的饭菜，增加成本。如此看来，反而是外卖可以提供更多的选择，保证营养均衡。

  再次，既然要延长食堂供餐时间，饭菜从质量上也要有所保障。可是，放置时间过长，饭菜很容易变凉而导致口感下降。这时有两种解决方法：一是食堂工作人员延长工作时间重新热饭，二是学校出资添置可以保温的设备。但是无论哪种都有弊端，相比之下，能够及时送到的保温外卖占了很大优势。

  最后，部分补课的同学这种状态的持续时间只有一个学段。到了下个学段，因补课而不能中午吃食堂的又将是另一批人，他们是否有意愿去食堂吃饭，他们的家长是否也有相同的顾虑，我们又需要另做考察。

综上所述，我校食堂为小部分人中午延长供餐时间受限多，且必要性不大。食堂当然也可以采取折中方案，比如提供打包服务，需要的同学可以由朋友代买。

练 习

（取材于2015年高考全国Ⅰ卷作文题，非原题）

因父亲总是在高速路上开车时打电话，家人屡劝不改，女大学生小陈迫于无奈，更出于生命安全的考虑，通过微博私信向警方举报了自己的父亲。警方查实后，依法对老陈进行了教育和处罚，并将这起举报发在官方微博上。此事赢得众多网友点赞，也引起一些质疑，经媒体报道后，激起了更大范围、更多角度的讨论，也给小陈的家人造成了困扰。

1. 请写出你能找到的上述事件的争议点。
2. 请针对小陈、父亲或其他相关方的做法写一篇评论。

光头的练习本

1. 请写出你能找到的上述事件的争议点。

小陈迫于无奈举报父亲：是对家人的安全负责 vs. 陷入伦理困境。

警方公开这一事件：符合规定、执行迅速 vs. 间接对小陈和家人造成困扰。

媒体报道：提醒公众注意交通安全 vs. 恶意歪曲事实造成网暴。

2. 请针对小陈、父亲或其他相关方的做法写一篇评论。

在真相与慎重中寻找平衡

张婕妤

由于父亲在高速路上开车时打电话且屡劝不改，小陈只好通过微博私信举报父亲。警方对老陈进行教育和处罚后，将这起举报发在了官方微博上，从而引发了一些舆论风波。首先我们要肯定，警方对交通安全的高度重视和后续处理在一定程度上是可取的。

虽然每个人遭遇交通事故的概率很低，然而，一旦发生交通事故，就会给几个家庭带来毁灭性灾难。违反道路交通安全法，就是在法律的警戒线旁边玩闹。将这一举报公开发布到网络上，能使舆论关注交通安全的警戒线，增进良好的社会风气，起到教化作用，一举多得。

但是，在网上发布消息，需要更慎重考虑。比如，一定要在微博上写出是家人举报的吗？这有待商榷。发布者无心，造谣者有意。舆论会不可避免地转移到对女儿的做法是否合理的讨论，有可能导致对女儿的网络暴力、人身攻击，对父亲的无脑批判——实际上，这些都已经发生。有的媒体对此事的转载完全变了味儿，直接称"女大学生举报父亲获得奖金"。至此，我们也需要反思：在发布网络消息时，注意措辞，避免带来负面舆论影响。编辑文字、剪辑视频很简单，动动手指就可以做到，然而文字和视频背后不经意的伤害，却将无数人推进深渊之中。

这些网络暴力当然不是原始信息发布者造成的，警方的做法也完全合乎规定。不过，我们可以更好地保护举报者隐私，我相信，这也符合执法和公布信息的初衷。不久前，小学生在校园里意外身亡，网友却将重点放在他身着利落制服妆容精致的妈妈身上，认为妈妈对孩子的死亡没有正常的悲痛，其实妈妈只是听说噩耗从工作岗位匆匆赶来，还没来得及卸妆和换下制服。在这一事件中，我们只要稍微共情一下，就可以将这位妈妈在视频中进行打码、虚化，帮她避免一些莫名其妙的指摘。在发布小陈的信息时省略信息的来源，不要提及如"女大学生""举报父亲"等容易引发网暴的敏感要素，应更加妥当地措辞，从而更好地引导舆论，避免给小陈及其家人带来困扰。

有时候我们只需要后退一小步，就可以免去很大的伤害。我们每个人不仅可以在上网发表评论之前多加思考，面对众多信息，提升辨别能力，还可以在发布信息时多想一点，从源头上堵住恶意的入口。

2. 针对抽象概念的说理

不是针对某一事件，而是针对更抽象的概念进行说理，是一件更难的事。不过，你已经成功地完成了因事说理的选题，具备了一定的基础，可以更好地攻破抽象问题了！

让我们先来看一段小渔和杠杠的对话：

杠杠：你想好怎么写说理写作的作业了吗？

小渔：我想写关于教育改革的问题。

杠杠：挺好的，但"教育改革"这个概念也太大了吧……好多教育专家研究了这么多年都争议不断，你起码要明确一下是哪里的教育改革。

小渔：当然是我们学校的改革了。你看啊，我们学校改革了这么多年，不管什么方面都跟别的学校不一样，是不是挺值得写的？

杠杠：没错，但是……你想写哪方面的改革呢？

小渔：都可以写啊。书院制、导师制、选课、讨论课、人工智能在教学中的应用……太多了！

杠杠：是的，但你不觉得如果方方面面都涉及，就可以写一本书了吗？你可以从刚才那些改革里面挑一个来写。你觉得哪项改革比较有争议？

小渔：咱们的改革好像都挺有争议的……

杠杠：（尴尬地微笑）这倒是。那要看你对哪项改革最想发表看法。

小渔：我对上课方式有点想法。

杠杠：具体来说呢？

小渔：就是上课总是要用电子设备。

杠杠：太棒了！这是一个长期讨论的问题了，而且相当有争议。

小渔：我觉得我可以讨论"上课是否应该使用电子设备"。

杠杠：但是电子设备还是分挺多种的，电脑、手机都是，甚至录音笔也算啊！这些情况都不太一样。

小渔：你说得有道理。这些当中，关于平板电脑的争议最多。不如就确定为"我校是否应该允许学生上课使用平板电脑"？

杠杠：太棒了，这样就比较清晰了！

过于宽泛的范畴会让你无从下笔，比如小渔一开始就想直接写"教育改革"。天啊，想想吧，如果你写一篇文章叫作《论教育改革》，你到底要从何处开始呢？在杠杠的帮助下，小渔一步一步地找到了自己最关注的点：教育改革→我校的改革→上课方式的革新→上课使用电子设备→上课使用平板电脑→我校是否应该允许学生上课使用平板电脑？

是否要讨论抽象的问题，这取决于你自己。例如，你要讨论"性别平等"相关的问题，你当然可以确定诸如"如何解决性别不平等问题"和"到底怎样才算真正实现了性别平等"这样的研究题目，但是你只有对这个领域做了大量研究和考察，并有很深刻的了解（我们当然也不排除这种可能性），才能写出一篇深入浅出的文章。如果摊子铺得太大了，你就需要考虑关于这个话题各个方向、各种学派的立场和观点，在有限的时间和篇幅内很难深入地就各个方面讨论下去。所以，当你面对一个仅仅是有兴趣了解的问题时，我建议你找到一个更小的切入点，从引起你注意的某个事件或现象入手。比如：

● 我国是否应该通过规定人大代表中的女性比例来保障女性的参政权？

● 某市地铁设立"女性车厢"是否必要？

这些题目都可以让你从一种具体的现象入手，去探索它的深层原因，乃至社会中存在的造成此现状的结构性问题。

你可以尝试从以下话题中寻找更聚焦和有争议的讨论话题：
- 动物权益。
- 言论自由。
- 青少年性教育。

以下有一些选题供你参考：
- 动物权益。

被送到动物救助站的动物一周无人领养便实施安乐死，这个规定合理吗？

我们是否应该提倡素食？

动物权益保护和皮草行业如何协同发展？
- 言论自由。

言论自由应当包括发表"仇恨言论"的自由吗？

微信公众号的留言只能被"精选"发表的功能是否合理？

"后台删帖"是有效的舆论监管方式吗？
- 青少年性教育。

青少年性教育是否应该分性别进行？

青少年性教育应当强调避孕知识吗？

以上是针对抽象概念的一种处理方法，即将它的范围缩小，使其具象化，最终形成一个可以讨论的问题。但有的时候，我们也需要从更宏观的角度去探讨问题。

在这一节，我们来研究既看不见又摸不着的抽象概念吧。温习一个许久不曾提起的名词：理想。我们大概从小就常常被问及"理想"，也被灌输要"树立远大理想"，但面对《谈理想》这个题目，我们很容易写得缥缈，比如小浣熊同学这样写：

谈理想

理想是人们前进的动力。它代表了人类对未来的向往和追求，是我们前行的灯塔，也是心灵的慰藉。

古今中外，成大事者都因理想的领航才能到达成功的彼岸。雅典的德摩斯梯尼，从小有严重的口吃，但他立志成为一名演说家。为此，他刻苦努力，将小石子含在嘴里练习发音，在陡峭的山路上一边攀登一边吟诗以改掉气短的毛病，还坚持去听柏拉图的演讲，研究诗歌和戏剧，提升自己的文化素养，最终成为出色的演说家。没有理想的指引，普通人很难做到日复一日的坚持。

更重要的是，理想支撑我们在困境中坚守。司马迁在年轻时就树立远大理想，要撰写一部伟大的史书。然而，就在他潜心编撰时，他因替被迫投降匈奴的李陵辩护而获罪受刑。之后，他一度因不堪屈辱打算自裁，是什么支持他忍辱负重完成了《史记》这部鸿篇巨著？是理想。他在《报任安书》中写道："鄙陋没世，而文采不表于后也。"正是为了能使自己的文章流传于世，他一定要苟活于世，忍辱奋起，终成"史家之绝唱，无韵之离骚"。

不过，理想的背后也隐藏着甜蜜的痛点，这是一种对未来的不安和担忧。然而正是这种痛点刺激着我们不断地前进、追求。我们距离理想越近，痛点就越少，它们是相互依存的。

理想不是空中楼阁，它需要我们付出汗水和努力。就像种植农作物，我们需要耕耘、播种、施肥、除草，才能期待秋天的丰收。只有通过辛勤的努力，才能实现我们的理想。

在这个充满变化和竞争的世界里，我们仍然要树立理想。当然，理想并不是越多越好，它应是经过思考的、有驱动力的。实现理想不是一天两天的事，而是长期奋斗和持之以恒的事。每一个成功的背后都有着无尽的泪水，这让我们更加珍惜成功带来的喜悦。让我们一起扬帆起航，向着理想的彼岸前行！

小浣熊的文章其实条理很清晰，也很有文采，她的文章想告诉我们：理想很重要，我们要有理想，理想要有行动。但是还是第一章我们提到的问题，这篇文章并不能引起我的兴趣，因为它在探讨一些人们普遍认可的道理。除非你针对某一个反面现象，比如"现在大家都认为理想不重要，得过且过，这是个很严重的问题"，去谈"理想很重要"，否则我看不到它的讨论价值。小浣熊在前三段试图论述理想的作用，即引领人们的行动，支撑人们在困境中坚守。接下来"甜蜜的痛点"一段很模糊，也没有论证。最后说明理想需要努力。那么它构成了一个互相论证的逻辑：理想引领行动，行动实现理想。而我用德摩斯梯尼和司马迁的例子似乎同样可以证明后一点。看完这篇文章，理想似乎离我更遥远了。

有什么办法让"理想"变得不那么抽象吗？

第一步，当然是要澄清概念。理想，是对未来的想象、希望，并且它不是空想、幻想，而是有根据的、合理的，对人的行为有一定指导作用的。

接下来，我们仍然可以借用因事说理写作的方式：找到这个概念在现今社会状况下呈现的冲突，以及由此产生的问题。比如，在一个经济飞速发展的社会，我们更多地提及"目标"，而越来越少地关照"理想"，理想和目标差别何在？或者，理想对我来说非常渺茫，它好像只能涉及非物质层面的东西，比如古人说"谋道不谋食",我的理想就是单纯的"赚钱",这有问题吗?又或者,我的理想似乎在现实中很难实现,我是要放弃理想,调整理想,还是向着理想不断迈进,哪怕最终无法实现?

找到了冲突点,我们好像还是难以下手。这篇《谈理想》,该从哪开始谈起才能抓住读者的眼球?也许我们可以试试从一个与此概念相关且有争议的事件开始,也就是给抽象概念一个抓手。针对抽象概念的说理,实际上也无法完全从具体事件剥离出来谈。如果没有具体的事件,概念又是如何产生的呢?小浣熊于是重新开始谈理想:

谈理想

理想是人们前进的动力。曾几何时,我们上大学是因为追求理想,努力拼搏是为了实现理想。但理想似乎总被现实打回原形。近期,一位以指导考研和高考报志愿而走红的博主在直播时建议,不要为了报更好的院校而选择文科专业:"所有的文科专业都叫服务业。服务业总结成一个字,就是'舔'。"他的观点引起了广泛的讨论。我们投身人文与社科专业,怀抱认识与造福社会的愿景,而这些专业却被赤裸裸地形容为"舔"。理想与现实的鸿沟如此深不可测?当我们认清现实,还有可能去追求理想吗?

从小,父母和老师鼓励我们绘制"理想"的蓝图,我们学习了很多名人故事,口吃的德摩斯梯尼为了自己演说家的理想而勤学苦练,受了重刑的司马迁为了写出鸿篇巨制的史书的理想而忍辱负重。理想指引人前行,但理想也要经受现实的冶炼。怀抱一个理想,一以贯之,最终如愿以偿,这是我们的期盼。那些广为传诵的经典伟人事迹，也多沿袭这一叙事模式。然而更多的时候，现实磨灭了理想，理想在一次次的淬炼中改变形状，适应现实。

当你为了探寻人类智慧的理想而选择哲学专业，苦读四年之后发现对口的工作寥寥无几，最终只得弯腰低头，躬身入局。理想被现实打败了吗？非也。你的理想是探寻人类智慧，而不是找到一份对口的工作，所以它也不应该因为找了一份专业不对口的工作而被阉割。换个角度来看，更深地涉足社会恰能在现实中促使你更深刻地理解哲学。有一句我们常挂在嘴边的话：真正的英雄主义，是在认清生活的真相后，依然热爱生活。

让我们回看理想的概念，它是对未来的想象、希望，但不是空想、幻想，而是有根据的、合理的、能够指导我们行为的。当你说，现实摧毁了我的理想，有没有一种可能，它并非理想，而是一种对生活空洞的幻想？

我拥有造福社会的理想，和我不得不从事一份"甲方说什么都对"的服务业工作，两者矛盾吗？这不是理想与现实的博弈，而是坚守理想和认清现实的共存。理想与现实，从来不是非此即彼的，而是互相成全的。并非现实辜负了我们的理想，而是理想弥合现实的裂缝，让我们能在艰难的现实中有所坚持。

理想，任何时候都需要。

小浣熊的第二篇文章看起来没有那么丰富的引用和比喻，但她讨论的问题不再空洞，而是一个我们需要面对的问题：当我们认清现实，还有可能去追求理想吗？理想是否最终会被现实打败？由此澄清了理想的概念，它不是幻想或空想，而是能够指导我们行为的。

让我们来总结一下，讨论具体事件时，我们常常要分析它背后更抽象的理论问题；而讨论抽象概念，也需要从具体的事件切入。

下面欣赏一篇鲁迅的文章，他同样是从具体事件切入，去论述"人言可畏"。

论"人言可畏"

"人言可畏"是电影明星阮玲玉自杀之后，发见于她的遗书中的话。这哄动一时的事件，经过了一通空论，已经渐渐冷落了，只要《玲玉香消记》一停演，就如去年的艾霞自杀事件一样，完全烟消火灭。她们的死，不过像在无边的人海里添了几粒盐，虽然使扯淡的嘴巴们觉得有些味道，但不久也还是淡，淡，淡。

这句话，开初是也曾惹起一点小风波的。有评论者，说是使她自杀之咎，可见也在日报记事对于她的诉讼事件的张扬；不久就有一位记者公开的反驳，以为现在的报纸的地位，舆论的威信，可怜极了，那里还有丝毫主宰谁的运命的力量，况且那些记载，大抵采自经官的事实，绝非捏造的谣言，旧报具在，可以复按。所以阮玲玉的死，和新闻记者是毫无关系的。

这都可以算是真实话。然而——也不尽然。

（开头即说明了事件与所论概念的关系：阮玲玉的死是因为"人言可畏"。

前两段给可能不了解这件事的读者一些背景信息。

记者的公开反驳理由有两点：报纸的地位大不如前，报纸的记载不是谣言。得出结论：阮玲玉的死，和记者是无关的。对此，鲁迅直接提出了自己的观点：这不全是真的。）

现在的报章之不能像个报章，是真的；评论的不能逞心而谈，失了威力，也是真的，明眼人决不会过分的责备新闻记者。但是，新闻的威力其实是并未全盘坠地的，它对甲无损，对乙却会有伤；对强者它是弱者，但对更弱者它却还是强者，所以有时虽然吞声忍气，有时仍可以耀武扬威。于是阮玲玉之流，就成了发扬余威的好材料了，因为她颇有名，却无力。小市民总爱听人们的丑闻，尤其是有些熟识的人的丑闻。上海的街头巷尾的老虔婆，一知道近邻的阿二嫂家有野男人出入，津津乐道，但如果对她讲甘肃的谁在偷汉，新疆的谁在再嫁，她就不要听了。阮玲玉正在现身银幕，是一个大家认识的人，因此她更是给报章凑热闹的好材料，至少也可以增加一点销场。读者看了这些，有的想："我虽然没有阮玲玉那么漂亮，却比她正经"；有的想："我虽然不及阮玲玉的有本领，却比她出身高"；连自杀了之后，也还可以给人想："我虽然没有阮玲玉的技艺，却比她有勇气，因为我没有自杀"。化几个铜元就发见了自己的优胜，那当然是很上算的。但靠演艺为生的人，一遇到公众发生了上述的前两种的感想，她就够走到末路了。所以我们且不要高谈什么连自己也并不了然的社会组织或意志强弱的滥调，先来设身处地的想一想罢，那么，大概就会知道阮玲玉的以为"人言可畏"，是真的，或人的以为她的自杀，和新闻记事有关，也是真的。

（对开头记者的第一个理由予以反驳并给出理由、举出例子。

需要提醒你的是：鲁迅惯用讽刺的语气，你可要跟上他的思路！）

　　但新闻记者的辩解，以为记载大抵采自经官的事实，却也是真的。上海的有些介乎大报和小报之间的报章，那社会新闻，几乎大半是官司已经吃到公安局或工部局去了的案件。但有一点坏习气，是偏要加上些描写，对于女性，尤喜欢加上些描写；这种案件，是不会有名公巨卿在内的，因此也更不妨加上些描写。案中的男人的年纪和相貌，是大抵写得老实的，一遇到女人，可就要发挥才藻了，不是"徐娘半老，风韵犹存"，就是"豆蔻年华，玲珑可爱"。一个女孩儿跑掉了，自奔或被诱还不可知，才子就断定道，"小姑独宿，不惯无郎"，你怎么知道？一个村妇再醮了两回，原是穷乡僻壤的常事，一到才子的笔下，就又赐以大字的题目道，"奇淫不减武则天"，这程度你又怎么知道？这些轻薄句子，加之村姑，大约是并无什么影响的，她不识字，她的关系人也未必看报。但对于一个智识者，尤其是对于一个出到社会上了的女性，却足够使她受伤，更不必说故意张扬，特别渲染的文字了。然而中国的习惯，这些句子是摇笔即来，不假思索的，这时不但不会想到这也是玩弄着女性，并且也不会想到自己乃是人民的喉舌。但是，无论你怎么描写，在强者是毫不要紧的，只消一封信，就会有正误或道歉接着登出来，不过无拳无勇如阮玲玉，可就正做了吃苦的材料了，她被额外的画上一脸花，没法洗刷。叫她奋斗吗？她没有机关报，怎么奋斗；有冤无头，有怨无主，和谁奋斗呢？我们又可以设身处地的想一想，那么，大概就又知她的以为"人言可畏"，是真的，或人的以为她的自杀，和新闻记事有关，也是真的。

然而，先前已经说过，现今的报章的失了力量，却也是真的，不过我以为还没有到达如记者先生所自谦，竟至一钱不值，毫无责任的时候。因为它对于更弱者如阮玲玉一流人，也还有左右她命运的若干力量的，这也就是说，它还能为恶，自然也还能为善。"有闻必录"或"并无能力"的话，都不是向上的负责的记者所该采用的口头禅，因为在实际上，并不如此，——它是有选择的，有作用的。

（以上两段又对记者的另一个理由和结论进行了反驳。以下两段抛开对记者的反驳，是作者对此事的观点。结尾并不是对上文的简单总结，而是引出更深层的问题。）

至于阮玲玉的自杀，我并不想为她辩护。我是不赞成自杀，自己也不豫备自杀的。但我的不豫备自杀，不是不屑，却因为不能。凡有谁自杀了，现今是总要受一通强毅的评论家的呵斥，阮玲玉当然也不在例外。然而我想，自杀其实是不很容易，决没有我们不豫备自杀的人们所渺视的那么轻而易举的。倘有谁以为容易么，那么，你倒试试看！

自然，能试的勇者恐怕也多得很，不过他不屑，因为他有对于社会的伟大的任务。那不消说，更加是好极了，但我希望大家都有一本笔记簿，写下所尽的伟大的任务来，到得有了曾孙的时候，拿出来算一算，看看怎么样。

五月五日。①

---

① 鲁迅. 鲁迅杂文精选. 北京：人民文学出版社，2003：287-290. 本文最初发表于 1935 年 5 月《太白》半月刊第 2 卷第 5 期，选自《且介亭杂文二集》。

第二章 提出一个理性的主张

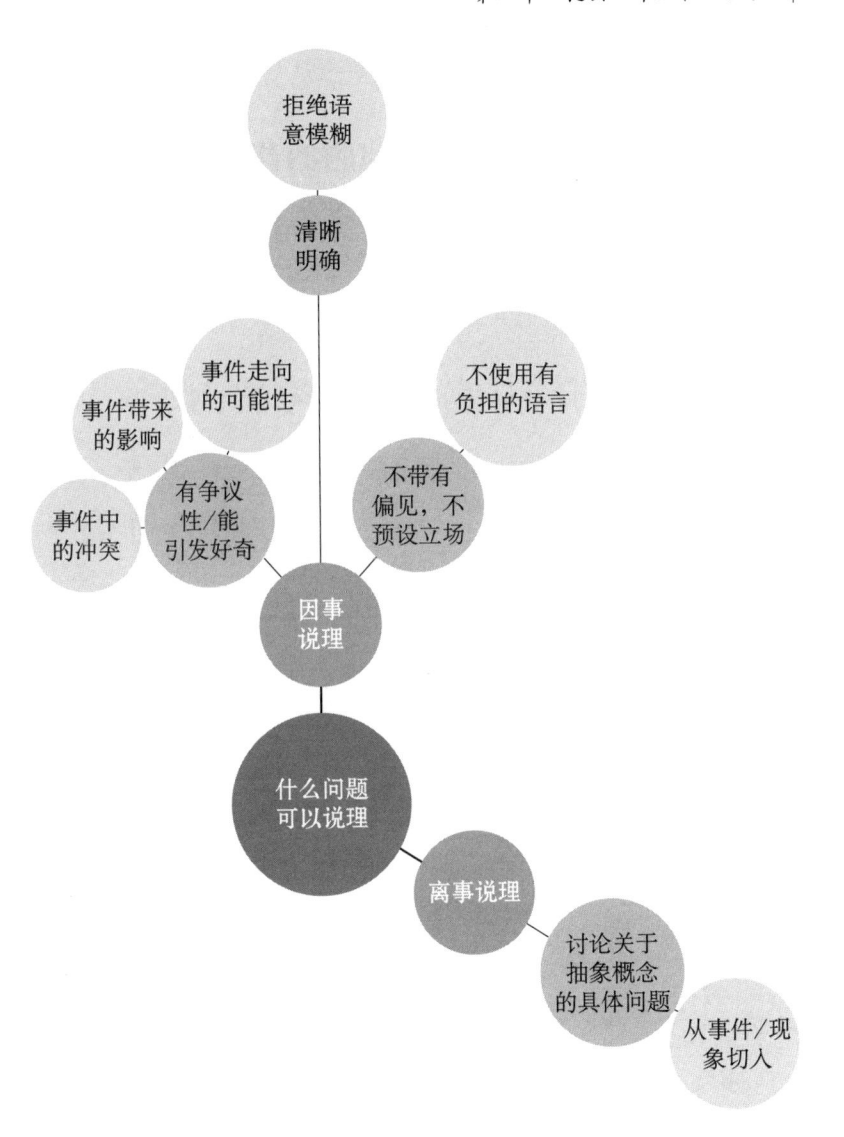

- 什么问题可以说理
  - 因事说理
    - 清晰明确
      - 拒绝语意模糊
    - 事件走向的可能性
    - 事件带来的影响
    - 事件中的冲突
    - 有争议性/能引发好奇
    - 不带有偏见，不预设立场
    - 不使用有负担的语言
  - 离事说理
    - 讨论关于抽象概念的具体问题
    - 从事件/现象切入

二、考察一个问题的背景

1. 也许你没有自己以为的那么了解这个问题

在讨论了那么多严肃的问题之后，我们来放松一下吧。在开始阅读这一节之前，请回忆一下你熟悉的童年故事《小红帽》。尝试去寻找更多不同版本的《小红帽》，并考察不同版本的写作目的有什么不同。

好吧，你一定很奇怪我为什么让你去研究一个小时候听过无数遍的童话故事？

小红帽穿过森林去外婆家探病，大灰狼先吃掉外婆，化装成外婆等在床上，又把小红帽吃掉！结果，猎人赶到了！他剖开大灰狼的肚子，把外婆和小红帽救了出来。

这有什么稀奇的？但你可能没见过目露凶光"叉腰站会儿"的小红帽、开敞篷车的小红帽、改穿狼皮外套的"硬核"小红帽。

事实上，几百年来，《小红帽》的剧情不断被改变，各个版本故事的目的也各有不同：从最开始的捍卫宫廷道德观，到教导女孩子要"听话"，再到智勇双全的小红帽和外婆打败了大灰狼。小红帽的形象甚至被用在 20 世纪的各种香水、口红等广告中，成为"性感尤物"的象征。而对《小红帽》的讨论，有关于"神话颂扬男人，童话关注女人"的模式分析，也有涉及性骚扰和强奸主题。这则故事在早期和经典版本中充满规训意味："女孩需要被保护""美丽是一种危险"……现在仍然最为流行的经典版本中的小红帽天真而弱小，既无勇气也无智慧，需要被"父亲形象"（猎人）拯救。然而极少有人知道，《格林童话》还有另外一个版本：小红帽在那之后又遇到了第二只狼，并和外婆一起机智地杀掉了它。

　　当然，迄今出现过多种挑战传统观念的"小红帽"形象。在1972年"默西赛德郡女性解放组织"的四名女性共同撰写的小红帽故事中，外婆是一位身强力壮的老妇人，年轻时曾击败野狼并煮食之。外婆从厨房赶来拯救小红帽，痛打野狼。小红帽直接用刀插入野狼心脏。小红帽和外婆联袂剥狼皮，将狼皮缝入红色披肩内，使它更保暖。外婆说，任何孩子只要穿上这件狼皮披肩，就会变得英勇无比。①

　　是不是很颠覆的《小红帽》故事？

　　看，有时候你可能觉得自己已经很了解一件事了，但我仍然非常建议你做一些研究，因为世界真的很大，即便是你耳熟能详的一个童话故事，也随着时间的变化在不断演变。多一些探索，这有助于让你的思维不停留在某一个固有的点上。

　　我们已经知道，选择一个说理问题最重要的原则是该问题有争议性，那么就涉及一个问题：为什么这个问题如此有争议，大

---

① 奥兰丝汀.百变小红帽：一则童话三百年的演变.杨淑智，译.北京：生活·读书·新知三联书店，2006：129.

家特别关注，想法如此不同？

这就需要我们追根溯源，搞清楚这个问题最初的样子，并考察关于这个问题的每一种观点。仔细想想，我们经常是拿到问题先进行判断，再千方百计地找理由。比如三石、长颈鹿和盼盼同学发生了一段关于"公理"的对话：

三石：世界上是有公理存在的，运用公理去分析问题肯定没错。

长颈鹿：你这里的公理指什么？

三石：大多数人认同的道理。

盼盼：在古代几乎所有人都认为皇帝可以决定一切，包括你的生死，这可以被称为公理？

三石：没法跨越时代讨论问题，只能说是当时的大多数人认同的。

盼盼：所以公理是大多数人在某一个时期认同的道理？可以理解为，公理的意思就是当时的社会舆论？但如果舆论是错的呢？

三石：谎言说一万遍就是正确的。

长颈鹿：那么，如果有一天杀人可以不负责任，成了社会上大多数人认为正确的事呢？

三石：不可能出现这种情况，人类历史上从来没存在过这种情况嘛。

长颈鹿：再比如清末的时候，大多数老百姓还是死守封建礼教，只有少部分接触过新思想的人觉得需要民主和科学，这时候的公理又是什么呢？

三石：公理就是最初的、无法被证实的东西。就像数学大楼是从"1+1=2"开始盖的，然而"1+1=2"是没有被证明的。民主和科学就是这样的东西。

三石同学先提出了"世界上是有公理存在的，运用公理去分析问题肯定没错"，在长颈鹿和盼盼追问他关于这个"公理"的含义时，他不断地修改定义，以证明自己最初的观点是正确的。但在这个过程中，我们看到了一些前后矛盾和假证据。比如"大多数人在某一个时期认同的道理"和"最初的、无法被证实的东西"，还有"杀人可以不负责任"在"人类历史上从来没存在过"和"谎言说一万遍就是正确的"。这就是另外一种形式的偷换概念，这种逻辑谬误叫作"没有真正的苏格兰人"。即在发现无法自圆其说时，通过随意修改定义来改变自己之前所说的意思，如：

我当然不认同用暴力解决问题，但父母打孩子情况不一样，这只是家庭内部矛盾，不能算是使用暴力。

显然，这位朋友先是否认自己认同暴力，又说父母打孩子不算暴力。那么，到底什么是"暴力"呢？

我们在平常很容易忘记说理的目的，看到一个事件，马上形成判断，并不在意真相是不是清晰，只是想出一些理由和证据去支持它，或者只关注支持自己判断的证据；不仅如此，我们还很怕发现与这些最初判断不一致的证据。在说理写作中，我们需要挑战一下这种方式。当然，并不是说你看到一件事不能马上形成判断，因为形成判断是一种很正常的反应，而是说，不要固守这个判断不放，在形成初步判断之后仍需全面地探索问题，审视各方立场，最终形成自己的结论，这才是说理的正确打开方式。简单归纳起来就是：

初步判断—信息收集—整理评估—观点表达。

考察一个问题的背景，你需要这样几个步骤：

- 从包含着各种态度的文章中抽离出事实。
- 找到并列出各方针对此事的理由和论证。
- 综合事实，评估各方的理由和论证，形成自己的判断。

请注意，我们现在要找到的不是"对的观点"和"支持我的初步判断的观点"，而是"所有的观点"。对问题背景的考察至关重要，它能够有效帮助你全面了解论题。你搜集信息的过程是不断冲击自己初始判断的过程。

这时，我们不得不讲讲可靠的信息来源。我们生活在一个信息充盈的时代，这是一个最好的时代，也是一个最坏的时代。能够随手获取信息，但也更需要我们自身的判断能力。回想一下你日常主要的信息来源：各种形式的媒体、搜索引擎、书籍、口耳相传……

（1）媒体。

2018年8月6日，《人民日报》官方微博发布了一条信息：

【#你好，明天#】雅加达亚运会举行在即，"电竞国家队"将出征表演赛。曾经的不务正业，正变成一项体育事业。游戏擂台上的激情，与现实世界的奋斗一样能赢得敬意。但是，电竞可以为游戏正名，却不能为游戏冠名。缺乏自控的人不可能成为头号玩家。扬眉吐气更要凝神定气，如此才能让电竞的春天尽早到来。

这是之后的几个网站报道的标题：

《人民日报深夜发文：电竞可为游戏正名》

《人民日报鼓励电竞国家队出征！玩家：电竞是最好的游戏防沉迷！》

稍微留意，你就可以发现关注点的差异。

接下来的 10 月 10 日，《人民日报》（海外版）刊文《电竞教育不能玩玩而已》。

然而，《人民日报》和《人民日报》（海外版）并不等同，无法互相代表彼此。

11 月 3 日，中国 IG 电竞队夺冠了。之后，人民日报中央厨房·思聊工作室发表了《IG 夺冠：这"电竞"，不一定是那"电游"》。除了一些忠实的转载，我们还看到了其他各类标题：

《人民日报评论：IG 夺冠，为何这么多人热泪盈眶？》

《人民日报热评 IG 夺冠，他们将不再是人们眼中的网瘾少年》

我们可以发现，将《人民日报》的微博解读成"电竞可为游戏正名"并将其作为标题的是某网站的游戏频道。

还记得我们之前提到的事实与观点吗？针对同一个事实，观点会完全不同。个人如此，媒体也一样。不论是在网络上还是在书里，你看到的各种信息，都不一定是客观的，也不一定是真的。

随着短视频宣传在各个领域的推广，断章取义的问题更加明显地暴露出来。一个几十秒甚至十几秒的短视频，想要完整地呈现一个事件是非常难的。况且，在短视频中，眼见也不一定为实。2023 年 12 月 24 日，有一则短视频被广泛转载，视频主页是一张我国外交部发言人照片，配文是，外交部发言人表示，12 月 24 日不是"平安夜"，是长津湖战役胜利 73 周年，是"美国历史上路程最长的败退"。后来有人去外交部官方网站求证，该发言人在 12 月 24 日没有出镜发言，在以往的发言中也没有说过这句话。该视频只是几个抗美援朝老照片以及外交部发言人视频的剪辑拼接，从而造成一种该发言人在 12 月 24 日当天发表了这一言论的假象。

在看到一篇文章（图片、视频等其他形式的信息同样如此）后，我们首先要问自己几个问题：

● 这篇文章是该网站原创的还是转载的？如果是转载的，最初的信息源在哪里？

● 这篇文章的标题和它的内容相符吗？转载后的内容与最初的信息源内容一致吗？

● 这篇文章的主张是什么？带有何种目的？

● 这篇文章发表在哪里？这个刊物/网站/公众号是什么性质的媒体？

这里需要对媒体的性质做一个区分：

● 官方媒体：代表政府或国家立场。

● 市场化媒体：各自立场不同，它们的立场与其投资方、主编的观念倾向有很大关系。

● 个人化自媒体：你我都可以建一个公众号去写文章发表看法，每个人都可以，但我的个人公众号只能代表我自己的想法。

媒体的质量参差不齐，我们只要记住一点：所有的媒体都只是一人之见或代表某一个群体的利益和看法。甚至连发动侵略战争的一方都会宣传一些听起来名正言顺甚至大义凛然的理由，如日本国民当年就很相信侵华战争是一场"荣耀之战"。我们一定觉得这非常荒谬，但当民众只有单一的信息接收渠道时，就可能产生这个效果。所以，对于媒体的说法，千万不要一下子就相信了，要尽可能多方面地了解各方态度。

（2）搜索引擎。

你获取信息最常用的途径之一是搜索引擎。当对一个问题、概念或事件不确定时，我们会不由自主地打开百度百科或维基百科，以及带有"知道"频道的网站。对自己不清楚的问题进行探究当然是个好习惯，搜索引擎的"百科"和"知道"也是一种重要的探究途径，不过，我们还是要警惕一点：这些"百科"和"知道"的编辑人是谁呢？是我们每个人。作为一个相对自由的言论空间，只要不涉及犯罪和反动等内容，所有人都可以在上面提问并回答、编辑信息，它的专业度和可靠性并不比我们日常聊天高多少。

对于去哪里找信息，大致可以做这样的总结。

①如果你想了解公众对某一问题/现象/事件的反应：

● 新闻：新闻不仅是对事件本身的报道，也包含公众的态度，还可能包含专业的评论。

● 各种搜索引擎、微博、微信、各新闻网站的评论区……

● 和你的同学、朋友、家人聊天。

②如果你想获得较专业的评论文章：

我不能在书中为大家特别推荐某个或某些媒体的评论版块，但大家可以自己去发现哪些媒体值得信赖。判断标准是：这个媒体是否呈现出多元的想法和观念。当然了，差不多每个媒体都声称自己是具备开放心态的，但你只要对其历史文章稍做检索，就会发现哪些媒体相当固执、哪些媒体接纳异见。现在的媒体竞争很激烈，大家都想更吸引眼球，有时就会各显其招：标题党、迎合偏见等。煽动情绪、喊口号、痛骂确实能让人产生快感，包容却不能，它需要你不断反思自我。可惜的是，狭隘并不能推动进步，包容却能。让我们回溯战乱纷繁的春秋时期，孔子仍推行他自己的"道"，这个孔子认为自己"一以贯之"的"道"，即"忠、恕而已矣"。所谓"恕"，就是推己及人。几千年后，孟子的"春秋无义战"仍然极富价值，我们也依然在学习孔子的"恕"。

③如果你想寻求专业领域的分析：

● 读秀学术（www.duxiu.com）、中国知网、百度学术。

● 国家图书馆电子资料库（http：//dportal.nlc.cn：8332/zylb/zylb.htm）。

这些资料库中包含相当多的国内外图书、期刊等文献，有很多最新的学术研究成果。

这里需要再次强调，列举这些并不是想告诉你它们说的都是对的，因为没有人会永远正确，谁都有判断失误的时候，重要的是你要有自己的判断。

（3）书籍。

如今，网络已经太普及了，我们习惯了遇见一个问题就打开搜索引擎，里面有五花八门的解答，但我仍然想强调书籍的重要性——这听起来很老套，我也不打算花费很多笔墨来说明"读书的好处"。只是想告诉你，书籍确实能给我们更加系统的知识和经验。我们现在获得的知识是很碎片化的，诸如"半小时了解一本书"的广告比比皆是，但实际上，你不可能半小时就了解一本书，你只能自己读过才会了解，你在半小时里听到的只是别人对这本书的解读，并不是它本来的样子。

面对复杂的信息，我建议你在进行背景探究的时候列一个这样的正反证表格，帮助你从不同角度分析问题。

在填写表格之前，你还可以先列出问题中需要澄清的概念以及问题的现状和历史。

	正方		
	论证	反驳	回应
观点一：			
观点二：			
观点三：			

	反方		
	论证	反驳	回应
观点一：			
观点二：			
观点三：			

让我们来看一个例子：

问题	你是否支持中学生节省生活费买球鞋的做法？
现状	据了解，当下我们的生活中出现了这样一群小伙伴，他/她们每天省吃俭用，甚至中午只吃泡面，辛苦攒钱为了买一双心仪的球鞋。
需要澄清的概念	界定此处的球鞋：一般指篮球鞋，也包括各大厂商所推出的各类款式"潮鞋"。球鞋的风靡一开始只是在打球的同学中，后来"潮鞋"逐渐成为日常穿搭的一部分，一些不打篮球的同学也因为球鞋的外形好看或者流行度高而选择穿球鞋。

历史	普通的球鞋价格一般是几百元，较高级的专业球鞋在一千以上，而"潮鞋"的市场价在一千、几千甚至上万不等，价格根据球鞋的流行程度、发售量、联名厂家等因素而有所浮动。 球鞋的价格导致有些同学并不是想买哪双就随便买的。有的同学家长会把球鞋当作表现好的礼物和奖励；有的同学生活费充足，就会拿一部分来买球鞋；有些同学因家长在金钱方面限制不大，可以直接向家长提出需求；而更多的同学生活费不足以买鞋，就会为了买到喜欢的球鞋而节省生活上的开销，例如缩减其他方面的开支、吃很便宜的饭。		

正方：支持

	论证	反驳	回应
观点一：运动保护	球鞋在运动中能起到保护作用，是十分必要的运动装备。	在学校，一般的体育运动用普通运动装备都可以实现基本保护，正常开支可以向家长提出，较贵的球鞋没有必要，而"潮鞋"更是不以运动为目的的鞋子。	随着球鞋价格的不同，舒适度确实是有差异的，就像登山装备一样，贵有贵的道理。
观点二：个人自由	家长给孩子生活费之后，如何支配这些钱是孩子的自由。	家长给生活费是用来保障孩子的基本生活的，如吃饭、交通等。而买球鞋违背了家长本来的意愿。	如果在保障基本温饱的前提下攒钱，就没什么不可以的。
观点三：培养理财能力	在节省生活费买球鞋的过程中，可以督促自己少吃零食、少喝奶茶，也让自己知道攒钱买东西来之不易，从而更加珍惜。	理财能力不仅包括攒钱，还包括清晰地了解自己是否需要购买、多久购买一次，而不是一味省钱买喜欢的东西。	

反方：不支持

	论证	反驳	回应
观点一：培养虚荣心	球鞋是必需的运动装备，而买高级球鞋和昂贵的"潮鞋"并不必要，反而会培养虚荣心。	收藏球鞋是个人爱好，就如集邮一样，球鞋是收藏品。比如 AJ 是以 NBA 著名球星迈克尔·乔丹命名的系列，代表了对于篮球不变的热情。	在经济完全依靠父母的前提下，如此昂贵的收藏爱好不太妥当。
观点二：对身体的伤害	很多同学节省饭钱买球鞋，而这个年龄正在长身体，这种做法有害无益。	吃学校食堂最便宜的营养餐，既能省钱，又保障了营养需求。	但有很多同学为了攒钱只吃泡面，这是非常不可取的。
观点三：浪费时间	通常"潮鞋"都不容易买到，限量版更难。挑选款式、追踪发售动态、抢预售名额都需要很多时间。	但这同时也是一种放松和愉悦自己的方式。	完全可以选择听歌、运动这些更健康的放松和愉悦方式。

我们可以发现，在这个问题中的"球鞋"其实分为三种情况：普通球鞋、高级球鞋、"潮鞋"。双方有一个共识：购买体育课必需品、起到运动保护作用的普通球鞋，是无可厚非的，而且不需要攒钱家长也会给买。焦点集中在购买高级球鞋尤其是"潮鞋"是否合适。

你身边也存在这样的现象吗？你可以尝试收集更多小伙伴的

观点，然后想一想自己对此的立场是什么？

2. 如何考察一个抽象命题的背景

对于具体事件或现象，我们很容易找到相关资料，那么对于抽象命题呢？实际上这并不难，尤其是自由、民主等人类恒久的话题，前人有相当多论述。不过，只要想到它是亘古不变的话题，我们肯定也能推理出来：人们只能尽己所能来了解它们，而永远无法确切地给它一个定论。

这是一个法国的高中毕业考试题目：是否必须要经历不公，才能理解何为公正？这里有一个核心概念：公正。同时涉及概念之间的关系：经历不公（A）与理解公正（B）。A是B的必要条件。即，如果一个人理解了公正，我们可以推知他或她一定已经经历不公。不过，当一个人经历过不公，也不一定能理解公正。所以，经历不公，对理解公正非常必要。

首先我们来看"公正"这个概念。这是一个人人向往，但似乎又无法给出一个完美无缺定义的概念。已经有很多哲学家对"公正"做出自己的阐释，但难有定论。如果有人说，我可以用一句话来概括"公正"的内涵，那只能证明无知者无畏。还需要注意的是，这个题目并不是让我们去讨论什么是公正，给出公正的几种定义，而是我们阐述自己对于不公与公正之关系的看法。

这个问题看起来非常抽象，好在已有很多先哲与学者讨论过。于是，小浣熊列了这样一个表格。你同意哪一方的观点？请你先查找资料，画一个正反证表格，再看看小浣熊是如何梳理的。

正方：必须要经历不公，才能理解何为公正				
	论证	反驳	回应
观点一：对公正与不公正的看法来源于对自身经历的情感反应而不是理念的灌输	哲学家休谟在《人性论》中问自己，我们对善与恶的认识是来自我们的理性还是来自我们的激情。他认为，是我们对情况或行为的情感反应导致了我们对善与恶的看法。理性可以帮助我们更好地感知事实，但从不告诉我们这些事实是好是坏。	感受并不等于判断，倘若我们不是先知道什么是对或错，怎么对情感反应做出判断呢？让公正与否完全取决于情感反应，是否让公正完全沦为主观？	
观点二：当人不知道自己何时会处于不利地位时，才会制定出公正的法律	按照哲学家罗尔斯的观点，人只有在"无知之幕"后面，才能制定出最公正的法律，因为你不知道自己会在何种时刻处于弱势。反过来说，如果你明确了解自己在何种时刻会处于优势或弱势，你制定的规则必定是对自己最有利的。我们在选举人大代表时，会规定女性、少数民族和农村代表的比例，就是因为他/她们在社会中整体处于相对不那么优势（获取资源较少）的地位，一位汉族城市男性代表很难感同身受地体验到他/她们的需求。	这是一种对身份政治的过分强调。这相当于在说，白人都不可能支持种族平等，男性都不可能主张性别平等，因为他们或她们并未经历过这一群体所体验的不公。	这里并未强调是体验了某一领域的不公才能理解这一领域。他或她为何不能经历某一领域的不公从而理解普遍的公正概念？比如一名少数族裔男性，他是否可以通过体验少数族裔获取资源的弱势从而对女性的处境更感同身受？

	正方：必须要经历不公，才能理解何为公正		
	论证	反驳	回应
观点三：每个人都必然会经历一些不公	每个人都必然会经历不公，在现代社会，几乎不会有人永远完全处于权力的顶端。所以"经历不公"这是一个事实。	经历不公是一个事实不能证明它是理解公正的必要条件，如果以此为论据，同样可以推知，只有喝过水，才能理解公正。因为所有理解公正的人必然喝过水。	

	反方：不需要经历不公，也能理解何为公正		
	论证	反驳	回应
观点一：对概念的理解并非必须与经历相关	我们对概念的理解需要通过实际案例，但这案例未必是我们自身的。当我们理解公正的概念，并获得足够的公正与非公正的案例，是可以理解的。例如，约翰·斯图亚特·密尔认为，公正就是最大多数人的最大幸福。这一定义提出了一个标准，可以完全理性地评估，独立于我们的情感反应。这也正如我们学习数学公式，进行足够的题目练习是可以理解的。	正如学习数学公式，进行足够的题目练习固然是一个方法，但终究会沿着遗忘曲线忘记它。但当我们在实际生活中建立数学模型去运用这个公式，我们才能完全理解并且不会遗忘它。对公正的理解也一样。	确实可以在生活中找到大量模型来深入理解公正，但不一定是我们自身的经历模型。

反方：不需要经历不公，也能理解何为公正				
	论证	反驳	回应
观点二：经历不公才能理解公正这一观点相当于否认了同理心的存在	卢梭指出，怜悯纯粹是人的一种天性。除非是零度共情的人，所有人都具备同理心。当我们看到一个人正在遭受不公时，我们不会置之不理。这并非因为我们也在亲身经历，而是因为我们拥有共情能力。	同理心并不能解释这个问题。不是所有的不公都非常严重，让任何人都能够共情的。同时你还属于某个类别的利益群体。例如，对于拒绝移民，本国人认为是非常公正的，而移民认为这十分不公正。	
观点三：因为经历不公所产生的对公正与否的理解仅仅基于愤怒的情绪，而不是真正理性的判断	当你处于对不公的愤怒中时，未必会产生"公正"的理解，而恰恰可能产生一种非理性判断。比如，经历过某种不公，也可能会使人倾向于将他所处的所有逆境都归因于这一不公。一名少数族裔者由于曾被歧视，容易将之后遇到的他所不满意的待遇都归为歧视，这会模糊"公正"的概念。	实际上也并没有一个绝对公正的标准。我是否遭受不公难道不是我的体验吗？	这是一个虚无主义的判断。如果一个社会对"公正"都没有基本的判断标准，那会造成相当严重的社会混乱。你的感受和客观标准是不同的，但不能以每个人的感受为标准去判断，而需要社会共识的标准。

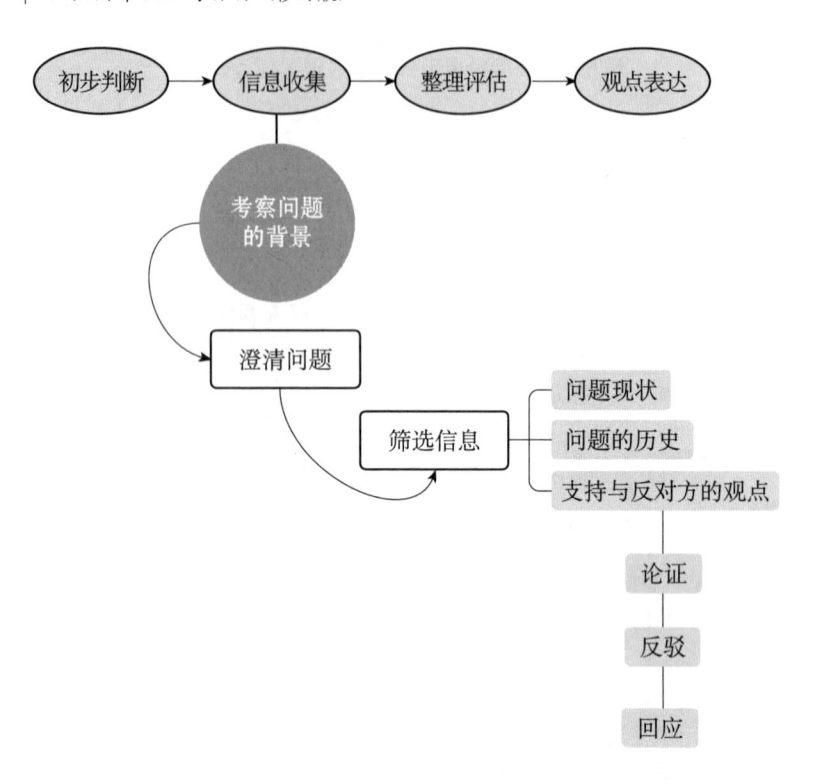

```
初步判断 → 信息收集 → 整理评估 → 观点表达
              ↓
         考察问题的背景
              ↓
          澄清问题
              ↓
          筛选信息 → 问题现状
                   → 问题的历史
                   → 支持与反对方的观点
                          |
                         论证
                          |
                         反驳
                          |
                         回应
```

三、每一个论点的提出都是一次权衡

在开始理论之前，让我们先来思考几个问题：

A. 考虑在以下几种情况下，你会做出怎样的选择。

● 你所在的学校现在要设立一个直升班，你觉得应该设立怎样的选拔标准？为什么？

● 你和你的妈妈、你最好的朋友在一个电梯里。现在，电梯急速下坠，出现了一个天使和一个魔鬼。天使将带走一个人，魔鬼也要带走一个人，最后有一个人将活着走出电梯，此时你会如何选择？

● 你是一个电车司机，你的电车里满载乘客且刹车失灵了，你面前有两条轨道：轨道 A 是你本该运行的路线，现在有五个孩子在上面玩；而轨道 B 是一条废弃铁轨，你本不应该开上去的，现在上面有一个孩子在玩。你会做出怎样的选择呢？

B. 写下以"我是……"开头的 20 个句子。

你在思考一个问题之后，终会形成自己的判断，这个判断被表述出来，就是你的主张。你还需要一些确凿的证据和有效的推理去支持这个主张，这就形成了支持该主张的理由。这一系列的过程被称为论证。

我们首先来看人们是如何做出判断的。要做出判断，首先就要确定判断标准。没有标准或每次判断同一性质问题的标准不统一，做出的判断就会出问题。

1. 判断类型

判断类型主要分为事实判断和价值判断。一篇文章是否涉嫌抄袭，这是一个事实判断；抄袭这件事做得对不对，这是一个价值判断。（抄袭当然是不对的！这是一个很差的选题，因为没有争议性。）

（1）事实判断。

事实判断分为描述性判断和解释性判断。有一些描述性判断可以通过观察得知，比如我们班有多少个学生，数一下就知道了。另一些则需要通过调研和实验才能得知，例如，现在中国人的平均预期寿命是多少，就需要调研得知。评价一个描述性判断的标准很简单，就是看它跟事实是否相符。三石跟小浣熊说"今天晚上八点会停水"，检验三石是不是说了真话，只要等到八点钟看是不是停水就行。灰犀牛跟长颈鹿说"南京大屠杀总共有30万名遇害者"，这就需要去查找史料，检验是否准确。

解释性判断则不仅要描述一个现象是怎样的，还需要对这个现象做出解释，其中包括因果解释和理由解释。是什么导致了部分青少年沉迷网络游戏？此处需要一个因果解释——解释这种现象出现的原因。学校为什么要利用翻转课堂进行教学？这里需要一个理由解释——学校出于什么理由要实行这种教学法。

此外，在"事实与观点"那部分我们已经说过，事实不是一成不变的，随着情况变化，你的判断也需要改变。

（2）价值判断。

与事实判断相对的是价值判断，一定要注意区分这两种判断类型。如果你用进行事实判断的标准去进行价值判断，最后得出的结论将一塌糊涂。

至于价值判断，这里主要介绍几种类别：审美判断、工具性判断和伦理判断。

①审美判断。

这是一个关于艺术欣赏的问题，比如中央电视台大楼是不是一处美的建筑、某个摄影作品是不是一件好的艺术作品、楼下店铺的招牌是不是好看，这些都需要你做出审美判断。不过，如果你问我，某个人长得是不是好看，我是无法提供一种公共的判断标准的。不仅仅因为我们并不能对容貌是否好看做出一种公认的审美判断，还因为，不对天生的、不可逆的属性做出评判是一种基本的礼貌，比如不要去评价一个人的容貌、身体缺陷、性别、年龄、父母的社会阶层等。况且，关于外貌，我认为大眼睛好看而你认为小鼻子好看，中国人普遍喜欢美白而很多美国人则相反，确实无法形成一致的判断标准。

你可能会说，我觉得一部电影是不是好看，这是我的个人喜好问题，有什么值得讨论的？的确，每个人的审美不一样，做出的判断自然不同，你做出的审美判断是含有主观成分的。但这里我们还要注意，"我喜欢的电影作品"和"优秀的电影作品"是两个不同的概念。

你喜欢什么电影是个人的爱好问题，并不需要向任何人解释你为什么喜欢它，而当你说"这是一部优秀的电影"时，你就需要一些公共的理由去支持自己的说法。这就好比你说"我喜欢我的女朋友",这跟别人完全没有关系,任何人都不能质疑你的想法,因为这是你的个人选择;但如果你说"我的女朋友是一个非常好的人",就需要拿出证据来:为什么她是个好人?

那么,艺术作品的判断标准是什么?有没有公共的标准呢?

长颈鹿:我觉得评价一部电影的标准就是看是不是大家都喜欢它。

热带鱼:大多数人喜欢的,就是好电影吗?

长颈鹿:是啊,有谁会喜欢差电影呢?

热带鱼:好吧,那为什么大家都喜欢这部电影?还是要有自己的判断标准呀,每个人不会凭空喜欢一部电影的。

长颈鹿:那你觉得应该有些什么标准呢?

热带鱼:我们举个具体的例子吧,你看过《泰坦尼克号》吗?

长颈鹿:看过呀,那可是一部公认的好电影!男主角帅爆了!

热带鱼:这倒是没错……但是男主角长啥样不能作为一部电影优劣的判断标准。

长颈鹿:但是,他演得也很好,非常自然,就好像他本来就是这个人物一样。

热带鱼:这也是这部电影的优势之一。相比于其他的艺术形式,剧本、情节处理、演技都是决定一部电影好坏的重要因素。

长颈鹿:同意。我觉得露丝和杰克的爱情浪漫、美好,特别令人难忘。

热带鱼：这涉及它想表达的主题，还有它是否能让人有更长时间的回味和精神上的享受，这些都可以作为判断标准。

长颈鹿：你说得很有道理。一些口水片可以让人有短期的精神愉悦，但没法给人提供长期的回味。

热带鱼：而且这部片子非常有影响力，是灾难片中的经典，它以个体的故事展现了一个大灾难的全貌。

长颈鹿：没错，它证明了商业片不只是迎合观众口味的作品，商业片同样可以让人有更多元的审美体验。在这之后还有其他电影在片中向《泰坦尼克号》致敬。它在很长一段时间内都是美国电影的骄傲，比如《真爱至上》中有一个看电影的情节，看的就是《泰坦尼克号》。20年后，片方还推出了《泰坦尼克号》修复版，就是为了能让它更长久地保存下去。北京电影节的时候，中国电影资料馆往往会拿出来重放一遍。

热带鱼：不仅是这样，除了浪漫的爱情，片中还包含了一些更复杂深刻的主题，比如对阶级和性别问题的思考。还有关于人的成长——露丝从一个上流社会的"贵族小姐"的角色束缚中被唤醒，最终找到了自我，实现了独立自主。

长颈鹿：对对对，我还记得露丝一开始跟杰克说，她特别羡慕男孩子可以分腿骑马（以前的女生骑马只能穿裙子侧身骑）。

热带鱼：对，这个电影的一些细节也处理得很好。你刚才说的是一个伏笔，在结尾处有一个镜头扫过露丝这些年的照片，有一张就是她分腿骑马的照片。只有一个很短的镜头，但很好地呼应了前面的情节。

长颈鹿：里面几乎没有一个情节让我觉得不合逻辑！总有意料之外，又都在情理之中。

热带鱼：情节的逻辑性，这也是对电影的一项比较基础的评价标准了。

让我们总结一下热带鱼和长颈鹿同学的对话，他们提到了一些对一部电影的审美判断标准。除了对电影的一些特别要求比如情节的流畅性、演员的演技，他们也提供了一些对艺术作品来说较为普遍的审美判断标准：

- 具有引发人思考的深刻内涵。
- 拥有个性与创新，不做单纯的迎合。
- 能给人带来长期的审美体验而不仅仅是功能性的短暂愉悦。
- 对该领域的发展有一定影响。

你认同这些标准吗？你认为审美判断标准有哪些呢？

总而言之，评判一件艺术作品，不仅仅是"我喜欢"和"大部分人喜欢"，还需要一种更普遍的审美判断标准。

②工具性判断。

对为了实现某一目标而采取的方法是否有效和合适的判断：某项政策是否有效解决了它最初想解决的问题？使用锤子来安装书架是否合适？它不是从伦理道德层面进行判断的，而只是看方法是否适用。

不过，我们在进行了工具性判断之后，仍然要进行其他的价值判断。比如，一间写作教室的布置好不好？这就同时涉及工具性判断和审美判断。首先，它要具备写作教室的功能：它需要是一个具有开放性的空间，让人能有一个安静的可以写作的角落，有适合讨论的空间，包含很多写作相关的元素——如果走进一间教室，完全分不清这间教室是用来教数学、家政还是写作的，那么这间教室的布置就很失败了。其次，它也要有一些创造性的布置，包括写作课老师和学生的个性化元素。为了适应更多同学的审美需求，它最好是简约风格的。

再如我们之前提到过的使用电击等方式的"戒网瘾学校"，如果你按照单纯的工具性判断思考电击对"治疗网瘾"是否有效果，好像是有的。但这样我们就可以毫无顾忌地使用它了吗？显然，其中还涉及伦理判断。

③伦理判断。

伦理判断是最复杂，同时也是分歧最大的一种判断。不同地区通用的道德标准可能完全不同，你很难想象世界上还有一些地区有割礼或者实行一夫多妻制。但这样的话，我们就不能对任何人的道德做出评判吗？当然不是。我在这里将提供一些不同的伦理类型。心理学家施韦德认为，人类的道德标准不外乎三种情况：自主伦理、集体伦理和神性伦理。①

适用自主伦理的地区和人群关注个人偏好，认为人有权利做任何他或她自己想做的事，只要不损害别人的利益。这样的

---

① 海特. 正义之心：为什么人们总是坚持"我对你错". 舒明月，胡晓旭，译. 杭州：浙江人民出版社，2018：104-107.

社会中，人们不会过多干涉别人的生活，注重自主决定，大家都按照自己的意愿行事。不过，要注意，是在不损害别人利益的前提下。比如，你在你公寓楼的走廊里摆满自己家的鞋架，此时你不能用"我奉行自主伦理"来为自己辩护，因为你已经严重损害了邻居的利益。这不是"自主"，而是"自私"。想想看，在自主伦理的框架下，小明老师想要结婚或不想结婚，这跟别人都没什么关系，他自己高兴就好。只要他不强迫别人，他可以和任何人结婚，也可以拒绝任何人的求婚。但当他来到一个奉行集体伦理的社会，情况就不太一样了。集体伦理认为人们不仅属于自己，还属于一个更大的集体：家庭、党派、团队、社会……你有义务扮演好集体赋予你的角色。在普遍崇尚集体伦理的社会中，小明老师的爸爸妈妈会说，你结婚不是你自己的事，这是我们整个家族的事情，你要结婚，要生孩子，不然我们死不瞑目。不仅如此，爸爸妈妈还会积极地给小明老师出谋划策，串联二姨和三舅为小明老师寻找"合适"的相亲对象。这也是我们的社会正面临的冲突。老一辈认为家族利益、传宗接代比个人幸福更重要。而年轻一代认为：这是我个人的事情啊，我找什么样的男/女朋友跟我的爸妈、二姨、三舅有什么关系呢？神性伦理则认为，人应当有一定的行为方式，这些行为方式应当是圣洁的。每一种宗教中都规定了你应当按照什么方式行事，以及什么是绝对不能做的事。比如堕胎问题，世界各地都有人反对堕胎，但理由不太一样。有的人认为任何情况下人都不应该堕胎，因为堕胎是罪恶的，这是按照神性伦理的判断标准；有人认为个人的堕胎行为侵害了家族利益，或是社会整体的利益，因为生育率已经开始下降，人口危机逐步显现，这是按照集体伦理的判断标准。但如果你奉行的是自主伦理，你多半要很纠结，因为这里涉及两个独立个体的权益，而这两个个体的生存权与生存质量之间又有复杂的联系，那么问题就变成了如何去界定"人"的概念。

有时，你会在网上看到网友质疑现在的年轻人、小朋友"过洋节"的现象，比如圣诞节、万圣节等，认为这是西方的宗教节日，国人不应该过。这可以理解为，"过洋节"的行为破坏了质疑者的集体伦理准则。不过，如果有人一边质疑国人"过洋节"，一边又为外国人开始庆祝我国的春节感到沾沾自喜，你就要警惕，他或她在用双重标准做判断：为什么只许你去推广自己民族的节日，而不许自己民族的人也分享其他民族的节日？

我们在热身中有一个问题是"写下以'我是……'开头的20个句子"。据说，美国人更倾向于列出反映自身内在特征的词语，比如"幸福的""开朗的""喜欢爵士乐的"，而东亚人更可能列出自己的社会角色和关系，比如"儿子""丈夫""富士通职员"。[1] 这也体现了普遍奉行不同伦理准则的两种社会所形成的思维方式差异。

在同一个事件中，往往会涉及不同价值的比较，此时需要你在各种价值之间做出权衡。这就涉及下面这个重要的问题：权衡论证。

---

[1] 海特. 正义之心：为什么人们总是坚持"我对你错". 舒明月，胡晓旭，译. 杭州：浙江人民出版社，2018：102 - 103.

2. 权衡论证

鲁迅曾经写过一篇《立论》：

> 我梦见自己正在小学校的讲堂上预备作文，向老师请教立论的方法。
>
> "难！"老师从眼镜圈外斜射出眼光来，看着我，说。"我告诉你一件事——
>
> "一家人家生了一个男孩，合家高兴透顶了。满月的时候，抱出来给客人看，——大概自然是想得一点好兆头。
>
> "一个说：'这孩子将来要发财的。'他于是得到一番感谢。
>
> "一个说：'这孩子将来要做官的。'他于是收回几句恭维。
>
> "一个说：'这孩子将来是要死的。'他于是得到一顿大家合力的痛打。
>
> "说要死的必然，说富贵的许谎。但说谎的得好报，说必然的遭打。你……"
>
> "我愿意既不谎人，也不遭打。那么，老师，我得怎么说呢？"
>
> "那么，你得说：'啊呀！这孩子呵！您瞧！多么……。阿唷！哈哈！Hehe！he，hehehehe！'"[1]

文中老师最后给出的是我们经常见到的一种"中庸"的立论

---

[1] 鲁迅. 野草. 北京：人民文学出版社，2015：83.

方法，实际上其中根本没有立论，只是说了一些不痛不痒的话，完全没个主张。有的同学喜欢分析利弊之后说：嗯，做这件事是有利有弊。然而，这不是一个结论，你必须做出一项明确的选择：既然一件事情有利有弊，那你到底如何看待它？是要做还是不要做呢？

在几种价值间做出权衡，最终形成自己的判断，我们称之为权衡论证。比如：

小渔：晚上去看电影吗？

小花：可是，我"说理写作"的作业还没写完呢！

小渔：那个电影真的特别好看，而且是你最喜欢的科幻片！

小花：我的论证类型学得不太好，正需要练习呢。

小渔：作业最晚什么时候交呀？

小花：后天晚上。

小渔：可是，这个电影明天就要下线了！

小花：啊！那还是先去看电影吧。

此处的判断标准是这样的：

在重要程度不相上下的情况下，最终，小花决定今天看电影，毕竟作业是后天交，而且会一直在那里等着她去写，而电影不会等着她看完再下线。

权衡的项目	重要程度	紧迫程度
写作业	非常需要练习	后天交
看电影	我最喜欢的科幻片	明天下线

当然，也可能出现这种情形：

小渔：晚上去看电影吗？

小花：可是，我"说理写作"的作业还没写完呢！

小渔：那个电影真的特别好看，而且是你最喜欢的科幻片！

小花：我的论证类型学得不太好，正需要练习呢。

小渔：可是，这个电影明天就要下线了！

小花：嗯……但我的作业也是明天早上交。

小渔：啊，那只好等下线之后在视频网站上看了。

小花：好遗憾啊，这样就没有大银幕的体验了。

小渔：但你如果不做这个作业，下节课上课就会比较困难了。

权衡的项目	重要程度	紧迫程度	附加价值
写作业	非常需要练习	明天交	下节课的必要前提
看电影	我最喜欢的科幻片	明天下线	大银幕的愉悦体验

在重要程度、紧迫程度都相似的情况下，小花考虑了附加价值：观看大银幕的愉悦体验跟下节课的必要预习相比，她认为还是后者比较重要。

我们来看一个更复杂的例子：学校这个学期出台了强制学生参加周三下午的公民教育项目活动的规定，引起了同学们的强烈不满，因为每周只有周三下午是自习时间，却又要参加一个强制参与的项目，所以有同学提出了"呼吁学校取消强制学生参加公民教育项目活动"的倡议。对此，神喵班的同学们进行了一波权衡论证，你来判断一下谁的论证比较好。

留胡子的猫：学校不应该取消强制学生参加公民教育项目活动的规定。

基于学校对公民教育项目活动的说明，这一活动是以校内外的公共热点事件为主要话题而展开的讨论项目，其最终目的是"基于真实情境，培养公民参与意识"，而我校对学生的培养目标之一就是造就"杰出公民"。固然，要做到杰出，首先自己的学识要达到相当的高度；但作为公民，也要学会如何在社会中发声。公民教育项目活动就给了我们一个机会去培养自己对社会上各种事情的理性讨论能力。在时间紧凑的高中生活中，我们虽然在不断学习知识，但参与社会生活的机会可谓少之又少，强制参加公民教育项目活动有助于我们获得这样的机会。

留胡子的猫对公民教育的意义做出了阐释，并且针对同学们说的没有时间参与的问题，他做出了"学习知识"与"参与社会生活"之间的权衡。

穿靴子的猫：学校应该取消强制参加公民教育项目活动的规定。

虽然参加公民教育项目活动非常有助于培养学生作为公民的参与意识，但强制性会导致学生的抵触，让学生生出厌烦之感。作为公民教育的一部分，这样的决定也应该听取民意。如果有的同学因为没有参与公民教育项目活动而拿不到毕业证，这也太惨了。公民教育项目活动的作业也会占用很多时间，我们学校的各类活动已经很多了，再来一个公民教育项目活动，学习时间又被挤占了。

显然，穿靴子的猫和留胡子的猫判断标准完全不一样，不过他也做出了一定的权衡。

戴手套的猫：学校不应该取消强制参加公民教育项目活动的规定。

虽然强制让学生参加公民教育项目活动会占用学生学习的时间，但是参加该项目可以开阔学生的眼界，培养学生的思考能力、实践能力，这也是一种学习啊，为什么只有学习教材上的知识才是学习呢？再者说，公民教育项目活动的体验在其他学校是感受不到的，高中毕竟只有这么三年，以后就再也体验不到这种项目了，学习的时间你想要挤出来总是有的。所以，我认为强制参加公民教育项目活动对学生的好处更大一些，学校还是不应该取消强制参加的规定。

戴手套的猫使用的权衡标准是有点可疑的：公民教育项目活动在其他学校和今后的人生中再也体验不到了，听起来似乎这项目是全宇宙独一份？这太夸张了，你不能为了加大某一项权衡的比重而夸大它的价值，还是要实事求是。

啃手指的猫：学校应该取消强制参加公民教育项目活动的规定。

公民教育项目活动的确很有趣也很有意义，加上由老师们精心策划和安排，参加项目活动对学生来说也是一种提高能力和完善自我的有效途径。但是，我们学校的自由选课制度使每个学生的课程表有很大差异，每个人的时间安排都不一样。有的同学因为整个学期没有自习，每天很忙，没有足够的时间来参与项目活动；有的同学因为其他课程加课，中午时间被占；有的同学有社团活动占用中午时间，吃饭也来不及。若再强制参加项目活动，就让一些学生几乎没有了自己的时间，一整天忙忙碌碌赶着上课、参加活动，对项目活动的投入时间有限，项目效果也不会太好。如果该项目可以自主选择参加与否，课程进度会更顺利，同学们的时间也会得到更合理的安排。所以，我觉得学校应该取消强制参加公民教育项目活动的规定。

啃手指的猫更全面地探讨了这个问题，而且提出了她认为更合理的可替代方案。

不过，有些价值之间是否可以进行权衡，人们可能会有不同的想法。例如，关于政府是否应该提高烟草税这个问题，菲利普·莫里斯烟草公司在捷克成立了调查团，针对吸烟对捷克国民预算的影响做了一个得失分析，该研究发现：吸烟给捷克政府带来的收入要大于支出。因为尽管烟民在世时会在预算中花费更多的医疗费用，不过由于烟民死得早，因此能够在医疗、养老金和养老院等方面节省数目可观的费用。如果将吸烟的"积极效果"计算在内，国库每年在烟草上的净收入将达到1.47亿元。所以，政府不应该提高烟草税额。[1]

该调查使政府在公民的寿命与政府财政收入上做了一个权衡，不过，用人的寿命和金钱进行这样的简单比较听上去似乎不太合适。

---

[1] 桑德尔. 公正：该如何做是好. 朱慧玲, 译. 北京：中信出版社, 2018：46.

开头那个关于火车司机应该如何选择轨道的情景假设，也是一个需要你做出权衡的问题。

光头：我当然选择开到废弃轨道上了，这样能救五个人！

盼盼：看上去很划算，可在废弃轨道上玩的孩子是无辜的，为什么要牺牲他而去救另外五个违反规则的孩子呢？

光头：但一个对五个，自然是能救越多人越好了。

盼盼：那你的意思是，每个人生命的价值是相同的？单纯计算数量就行了？

光头：人的生命价值是没法计算的。我们刚看过那个烟草公司的例子，我们不是说，不能将人的生命换算成钱吗？在这种情况下，我们只能看数量了。

盼盼：假如正常轨道上的这五个人是穷凶极恶的罪犯，在废弃轨道上的是爱因斯坦呢？

光头：那当然是要救爱因斯坦了！

盼盼：你刚说过人的生命价值是没法计算的，只能看数量，但现在你反而觉得爱因斯坦一个人的生命价值要高于另外五个罪犯？

光头：好吧，我承认人的生命价值还是有区别的，爱因斯坦对人类的贡献显然大于五个罪犯。

盼盼：那么，设想另外一种情况，正常轨道上的五个人分别是牛顿、爱因斯坦、居里夫人、笛卡尔和卢梭，他们都为人类做出了重大贡献了吧！废弃铁轨上是你的妈妈——原谅我，这就是个假设，那你会像刚才一样判断吗？

光头：开什么玩笑！那我当然是救我妈妈了！爱因斯坦发现不发现相对论和我有什么关系呢！

　　盼盼：你看，你始终在降低你前一秒所遵循的价值的优先级。

　　光头：……盼盼，我不想和你做朋友了。

这当然只能是一个假想的场景，但很能帮你看清自己的判断标准——不要以"这在现实中根本不会发生"为理由来逃避这样的思想实验，越是简单抽象的场景越能反映出你原来思维中存在的模糊地带，并迫使你重新将它们整理清晰。上面的例子是一个很经典的"电车困境"，各种思想流派一直对此争论不休，你的判断又是什么呢？不管你做出何种判断，别忘了给出你自己的判断标准。

提到标准问题，又涉及一个逻辑谬误，叫作不相关标准。比如，一种行为/决策本来没想达到某个目的，但你以该行为/决策没有达到这个目的为理由来说它没有作用。

　　　北京的拆迁根本没什么用，因为它根本解决不了环境污染的问题。

（然而……拆迁并不是为了解决环境污染问题。）
不相关标准也会用来强行辩护。

　　　他平时是个阳光大男孩，特别坚强，说他家暴我才不相信。

（一个人平时看起来阳光与否、坚强与否，跟他会不会家暴没有关系。一个人是否有家暴史，是一个事实判断，并不是价值判断。）

那么，我们在写作中会如何涉及这些判断呢？日常生活中需要你做出的类似判断比比皆是。先来看一下珊瑚同学的这篇文章：

店面招牌统一有必要吗？

最近，家附近的楼下出现了一排极为统一的招牌，黄底黑字正楷体。这不是个例，只要你上网搜索一下就会发现，许多城市出现了店面招牌统一的现象，甚至有一整条街黑白配的招牌，实在吓人。那么，店面招牌统一真的有必要吗？

首先，我们要知道，为什么要对店面招牌进行统一？我相信这项工作并非想把每个店都变得一模一样，让大家审美疲劳，而是想通过"统一"的手段改变市容，使城市变得更加整洁、有秩序。走在街上，你可能也有这样的感受，有的店铺招牌已经破败不堪，一条街上的招牌大红大绿颜色各异，实在很混乱。但"秩序"却换来了毫无个性的呆板，这种"一刀切"之后的样子和整改之前的面貌，究竟哪种更好，还真不好说。

其次，一条街上所有店面招牌都统一了颜色、统一了字体样式，可是美观度没有因此提升，反而让许多人觉得"不敢恭维"。有些人可能会说：有些店家制作出来的招牌更"瘆人"，还不如统一了看着更整齐些。但我认为，招牌的统一会使居民及消费者产生视觉疲劳，难免会影响店铺的销售。想想看，一家甜品店的招牌是红底白字的普通样式，很难让人产生什么食欲。店面招牌本身就是一种文化，在这个多元化的时代，不同的商店要有符合自己的店面招牌，而不是千篇一律的红底白字或是黑白配。店铺需要营造自己的店面文化，像香港、东京、纽约等国际化大都市的一些商业街的店铺招牌都非常有个性，但并没有因此影响街道整齐度，反而能够很好地烘托浓厚的文化氛围。

从管理的角度来说，店面招牌统一是由街道管理处负责，此工作并没有明文规定，更不是政府的一项政策，各城市街道管理处无权强制店面招牌统一。上海交通大学余明阳教授就曾建议："对于店铺招牌，应该由有关部门事先制定相应的'规则'，然后由商家自行制定店招，提交有关部门进行审批，符合要求的再进行制作"。

所以，我认为，不论是政府还是城市街道管理处，都不应该强制统一店面招牌，而应该先让店铺各自设计自己的店面招牌，之后进行统一的审查把关，比如色彩搭配上的和谐、招牌大小等等，再与店铺进行沟通，最后进行制作，这样能从根本上提升街道的美观度以及整齐度，使街道更加有秩序。

综上所述，店面招牌的统一不是最终目的，所以相关部门应该与店铺人员进行沟通，调查并采纳他们的意见，再进行招牌设计制作，这样才能受到更多人欢迎，以达到改善市容市貌的目的。我觉得，店面招牌统一没有必要，它不仅掩埋了拥有几十年甚至上百年的传统文化特色，还抑制了更多的创新力。所以，我认为，应该保留每家店铺的特色，展现一家店乃至一个城市的文化底蕴，并且将这种独特的文化传承下去。

这篇文章所探讨的问题是店面统一招牌好不好，其中就涉及审美判断：统一之后的招牌好看吗？是否符合市民的审美期待？工具性判断：是否达到了改善市容、整洁有序的目的？伦理判断：街道管理部门是否有权限对商户的招牌进行统一？

```
判断类型
├─ 事实判断
│   ├─ 描述性判断
│   └─ 解释性判断
└─ 价值判断
    ├─ 伦理判断
    │   ├─ 自主伦理：注重个体的自由意志
    │   ├─ 集体伦理：强调个体有义务扮演好家庭、团队等集体赋予个体的角色
    │   └─ 神性伦理：宗教
    ├─ 审美判断
    └─ 工具性判断
            ↓
         权衡论证 → 权衡的项目（重要程度、紧迫程度、附加价值）→ 结论
```

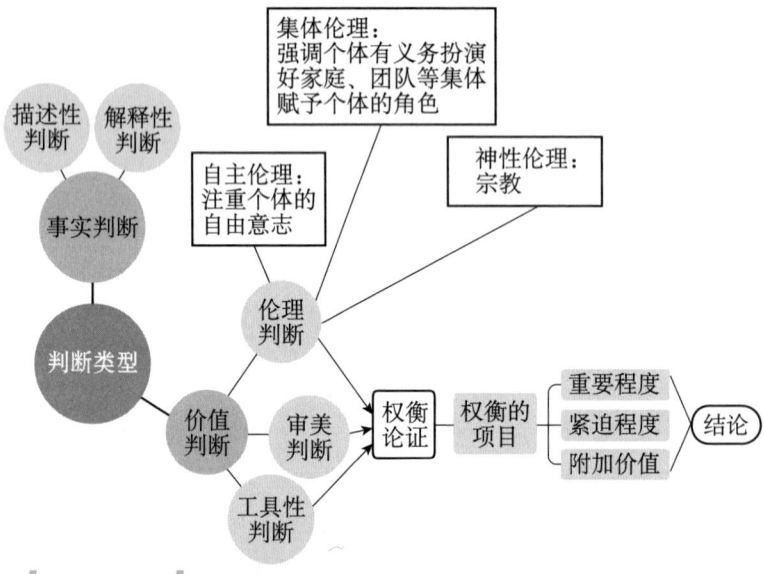

练 习

自由写作：你在生活中遇到过什么事件/现象，涉及几种判断标准之间的权衡？比如，小区里遛狗是否要拴绳？这既涉及事实判断，又涉及工具性判断、伦理判断（自主伦理与集体伦理）。请选择你关注的一个事件/现象，写出你的看法。

小浣熊的练习本

从效率和金钱背后看到"人"

每个时代的发展有不同的目标，每一代的特区也有自己的口号。从40年前深圳特区的"时间就是金钱，效率就是生命"，到5年前的雄安新区"走好我们这一代的长征路"，时代裹挟着我们高歌猛进，不断踏上新的发展之路。

2023 年,《人物》杂志采访了邬霞。90 年代初,她从乡下来到深圳打工,她说她所在的日资工厂灯火通明地生产,工人每天的工作时间长达 12 小时。效率是这个时代的最高需求,为了生存,人们必须如此,人成为工具,贡献效率。2009 年,深圳工人成为美国《时代》周刊的年度人物,作为中国崛起的坚实基础,人们欢呼雀跃,拥抱效率的时代。

效率就是生命,但效率也消耗生命。邬霞还说,深圳的医院有全国最好的骨科,因为深圳工厂的机器每年要轧断 4 万根手指。打工人被塑造成社会的地基,从农村和小城来到大城市打拼,追寻自己的理想,但他们付出的艰辛与代价被洪亮的口号声掩盖。

好在,代价会带来思考,社会的发展目标在变化,口号也随之而变。我们首先意识到不能靠对环境的损耗来换取 GDP 数字的增长,所以时代呼唤"绿水青山",也呼唤对人的关爱。"走好我们这一代的长征路","人"终于出现在了标语里。而新的"长征路"是什么,是需要我们思考的问题。我之"长征路"与时代之路如何契合?如何在时代之路上走出"我"自己的步伐?

我们拥有更多自我探索的可能性,你可以选择在各个领域钻研、发展,为社会做出贡献。个体不是一颗颗螺丝钉,而是行驶在"时代"这条高速公路上的自驾车,只要不违反交通规则,就可以变道、超车、从任何一个路口进出。不论是几十年如一日在故宫修文物,还是经营一间咖啡厅自给自足,都是值得尊重的人生之路,这些从业者都是时代需要之人。

从五四运动开始,我们走上了对"人"之主体性的探索、发展之路。曾有一段时期，个体在发展中被隐形，似乎只是一个依附在时代齿轮上的小虫。而在今日之新时代，我们终于可以开始自我探索，新的长征路，是时代的长征路，也是我的长征路，我辈任重而道远。

给教师的课堂活动小贴士

1. 请学生写出自己做过最不正常的 3 件事。

让同学们念出自己写的事，如果有其他同学也做过类似事情，请举手。（绝大部分情况下都会有的！）接下来思考和讨论：

（1）你判断"正常"的标准是什么？

（2）你关于"正常"的概念是如何形成的？为什么会觉得某些人或某些行为"不正常"？

（3）尝试给自己认为最"不正常"的行为找到解释。

永远不要在一开始就给别人扣"帽子"。固化立场的讨论是解决不了问题的。

2. 让学生分组撰写一份"评价网站可信度指导"。内容为：浏览一个网站的时候，你可以提出哪些问题来验证它的可信度？需要至少列举 5 个问题，并说明理由。

让小组之间交换彼此撰写的可信度指导，并以此为判断标准，找一个日常经常浏览的网站进行测评。

发现每组撰写的可信度指导的问题，最终形成一份较为完善的评价网站可信度指导。

第三章
好理由是论证的关键

一、理由要与主张相关并且充分

当我们展开论证时，就一定要有论据。常见的论据就是"名人开会"，看起来丰富充实，实际上并不相关。

在"考察一个问题的背景"部分，我们已经讲过论据的信息来源。当眼见不一定为实，或者不一定为全部事实时，辨别力变得尤为重要。

理由，才是论证的关键。

一个好理由的判断标准很简单：相关且充分。

- 理由与主张的相关性强。
- 理由充分到足以支持主张。

我们来看一个例子。首先提出一个主张：

> 海豚中学是个好学校。

提出三个支持这一主张的理由：

理由	证据
教学模式先进	推广小班讨论式和项目制教学。大部分课程拥有线上教学平台。
校园文化活动多样	有街舞社、模联社等多个社团，有公民教育类的人文项目，有足球赛、戏剧节等文艺和体育活动。
获得社会各界认可	教育部为学校颁发了××证书，教育界对海豚中学评价较高。

并不是我们列出三个理由之后就结束了，如何检视这几个理由是否成立？可以使用一个非形式逻辑的论证模型：**图尔敏模式**，它包括主张、论据、保证、支持、语气、反驳。"主张"需要理由的支撑，理由需要一个保证它成立的前提。简单来讲，"论据"用以支撑理由，"支持"用来支撑"保证"。[①] 而"语气"是对理由的限定，你的推理可能并非绝对的"是"或"否"，为了使它更严谨，你需要加上一些限定词"往往""大部分情况下"等。"反驳"需要你事先考虑到可能的反对意见并对其进行回应，这一点我们会在后面的章节进行专门的学习。

当然，我们在日常的写作中，**没有必要**纠结于这些专业的术语。你只需记住一点：理由并非天然地支持主张，你的理由必须是有保证的，保证理由成立的前提是需要被认可的。

主张—理由—保证是对一个论证最基本的要求。

也就是说，你必须考虑每一个理由跟主张之间的关联在哪里？能让这个理由成立的**大前提**是什么？例如，校园文化活动多样能够支持"海豚中学是个好学校"这一主张吗？换句话说，校园文化活动多样的学校就是好学校吗？你对此的解释就是你的**推理过程**：校园文化活动多样能使学生接触不同的文化，学生的思维可以更开阔，思想更加包容多元。学校的目的就是培养有现代人格的公民，校园文化多样有助于促进这一人格的形成——这也是我们在"判断类型"部分提到的判断标准问题。你判断一个学校是不是"好学校"，需要有一个明确的标准。如果你给出的理

[①] 徐贲．明亮的对话：公共说理十八讲．北京：中信出版社，2014：80

由是"海豚中学的学生家长素质很高",这就是一个很难令人信服的理由,因为家长的素质和学校的好坏并没有很强的相关性。

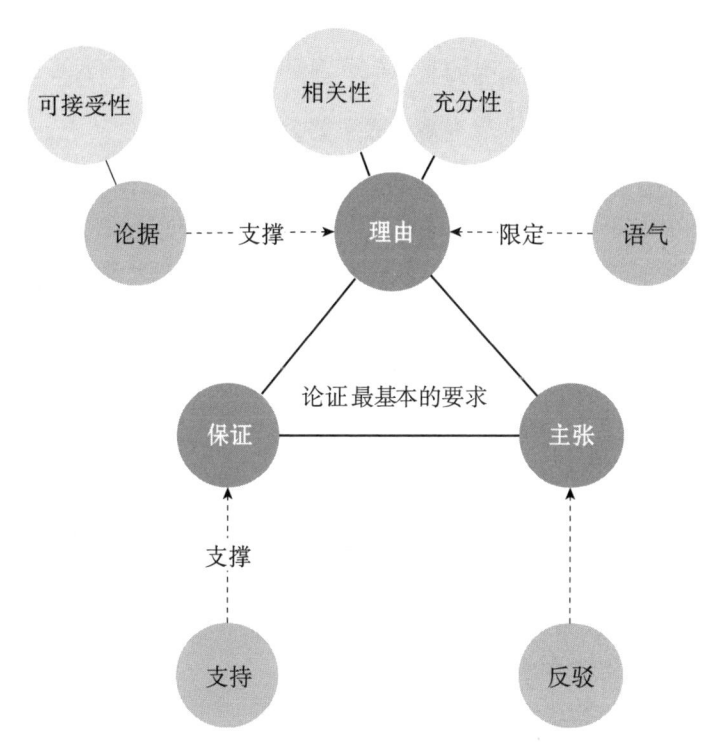

```
        可接受性        相关性      充分性

           论据 ---支撑--- 理由 ---限定--- 语气

              保证    论证最基本的要求    主张

              ↑支撑                    ↑
              支持                     反驳
```

有几种典型的"不相关谬误",了解这些"不相关谬误",才能审视我们的主张与理由之间的关系。

(1) 诉诸情感/诉诸恐惧。

> 是中国人就顶起来!
> 不转发这条微博,一个月内会有大灾难!

通过对情感的渲染和刺激,来使你做出一些非理性的事,这是演讲、广告和传销组织经常使用的手段。我们在说理写作中,是靠严谨的论证而不是情绪的渲染来说服别人的。

（2）转移话题。

就是有话不直说，所答非所问，东拉西扯地进行一些诡辩。

> 警察：邻居举报你家暴。
> 某甲：我和我老婆关系很好的。
> 警察：我问你进行过家暴吗？
> 某甲：我都说了我跟我老婆关系很好的。你还想让我说什么？
> 警察：请你直接回答"有"或"没有"。

或者：

> 交警：你知道右转车辆要避让行人吗？
> 某乙：您看，我刚考到驾照，今天第一天上道。
> 交警：所以呢？就不需要避让行人了吗？

反击这个谬误的办法就是像上文的警察一样，抓住问题要点，要求最直接的回答。

（3）诉诸人身。

不直接回应对方的言论，而是直接质疑对方的人品、动机等。

> 三石：我们应该完善员工产假制度。
> 芳邻：看你那没出息的样儿，就知道在家带孩子！

这可以说是一种更恶劣的攻击方式了。非常遗憾地说，我们的网络环境中充斥着诉诸人身的言论。某明星去世后，有人竟然去这位明星女儿几天前的微博自拍下留言："你爸都快死了你还有心情自拍?"实在令人难过。

（4）诉诸无知。

在论证过程中有一项重要的原则是"谁主张谁举证"。你提出了主张，就需要去论证它。否则就是一种诉诸无知的谬误。

> 小花：昨天晚上我看了一个鬼片，吓得睡不着觉。
> 三石：你这是自己吓自己，世界上哪有鬼啊？
> 小花：你能证明鬼不存在吗？
> 三石：……
> 小花：你看，证明不出来吧？到现在还没人能证明呢，世界上肯定有鬼的，不然怎么解释那些灵异事件呢？

"你没法证明鬼是不存在的，所以鬼是存在的"这个逻辑就是一种诉诸无知的谬误。

为了更好地完善理由和论证，我们需要具体了解一些论证的基本知识。首先是论证结构。

练 习

请写出人需要上学（或是人不需要上学）的 10 个理由。

1. _____
2. _____
3. _____
4. _____
5. _____
6. _____
7. _____

8. _____

9. _____

10. _____

❖❖❖❖❖❖❖❖❖❖❖❖❖❖❖❖❖❖❖❖❖❖❖❖❖❖❖❖❖❖

▍光头的练习本 ▍

人需要上学的 10 个理由：

1. <u>人需要通过上学获得基本的生存技能</u>。

2. <u>上学可以提升人的应试能力，使人考试获得更高的分数</u>。

3. <u>人需要成体系地接受基础的通识教育，提升自身能力</u>。

4. <u>国家需要提升人民的受教育水平，以提升人口素质</u>。

5. <u>人上学获得知识，增加自己对世界的认知，满足人对社会与自然的好奇心</u>。

6. <u>学校中有大量同龄人以供交友，满足人基本的社交需求</u>。

7. <u>上学可以临时脱离家庭，以减少对家庭的依赖，培养独立性</u>。

8. <u>学校是一个更友好的微型社会，人可以在其中循序渐进地获得社会经验</u>。

9. <u>很多工作有学历限制，人需要上学以获得学历</u>。

10. <u>上学会增加精神压力，从而增强人的心理弹性</u>。

分析光头练习本的练习

好吧，练习并没有就此结束。我们需要考量一下光头提出的理由。请在光头的练习本上圈画出你认为比较好的、需要进一步论证的和不成立的理由。

人需要上学的 10 个理由：

1. <u>人需要通过上学获得基本的生存技能</u>。

首先，考虑概念。什么是基本的生存技能？

其次，考虑其他的可能性：基本生存技能需要通过上学来获得吗？

2. <u>上学可以提升人的应试能力，使人考试获得更高的分数</u>。

这里就需要问问：为什么要考试获得更高的分数？为了升学。然而，如果我不上学，就不需要升学啊！这等于在说"人需要上学因为它能让人继续上学"。

3. <u>人需要成体系地接受基础的通识教育，提升自身能力</u>。

这个理由提到了学校的一个关键特质：体系性的通识教育。这是在家教育难以提供的。在具体论证这个理由时，我们就要提供这个理由的保证：成体系的通识教育为什么是非常必要的，它为何能提升自身能力。也就是说，你不能只以学校的特质本身来证明人需要上学。因为学校的特质甚至包括校园霸凌，而这显然不是我们上学的理由。

4. <u>国家需要提升人民的受教育水平，以提升人口素质</u>。

这里又隐含了两个前提。其一是国家需要提升人口素质——这是一个共识，是不需要论证的前提；其二是为什么人可以通过上学提高自身素质，且上学比其他的受教育方式更能提高素质，这是需要论证的。

5. <u>人上学获得知识，增加自己对世界的认知，满足人对社会与自然的好奇心</u>。

这个理由值得怀疑：人上学获得知识还合情合理，但满足对社会与自然的好奇心并不需要通过上学来实现。学习不等于上学。

6. <u>学校中有大量同龄人以供交友，满足人基本的社交需求</u>。

这是学校不可替代之处，但继续追查这个理由的保证，我们会发现问题：为什么学校中有大量同龄人？因为大家都要上学。问题又回来了：为什么大家都要上学？

7. <u>上学可以临时脱离家庭，以减少对家庭的依赖，培养独立性</u>。

这个理由的逻辑链条很完整，而且它的保证也是被认可的：人需要具备独立生存的能力。当然你可以考虑一些别的路径，比如每天去农场劳动……

8. <u>学校是一个更友好的微型社会，人可以在其中循序渐进地获得社会经验</u>。

这个理由阐述很严谨。我们最终的目的是进入社会（这是绝大多数人的生存需求之一），因此需要获得社会经验，路径是上学。学校的环境与真正的社会比相对友好，所以人能有步骤地朝社会迈进。

9. <u>很多工作有学历限制，人需要上学以获得学历</u>。

这是一个现实的理由，也部分触及了"学校"的本质。它是社会规则的一部分，如果你想要进入这个社会，就需要遵守这套规则。不过，"很多工作"这个描述有一些模糊，也许可以改为"大多数收入较好的工作"。

10. <u>上学会增加精神压力，从而增强人的心理弹性</u>。

这个理由有一些难以论证。上学的人与不上学的人谁的精神压力更大？人为何要增强心理弹性？

二、演绎与归纳

我们已经提到，论证可不单单是罗列理由，还需要提供你的推理过程。这里有两种经典的推理路径供你选择：演绎和归纳。

1. 演绎论证

演绎论证在前提为真的情况下，结论必然成立。演绎论证的常见模式有三段论、排除法、基于数学的论证等，我们主要了解一下三段论，它是亚里士多德提出的最著名的逻辑工具，我们至今都在使用。

三段论就是从两个或更多的前提推出一个结论，结论必须是根据前提推出的。简单来说，如果前提为真，则结论一定为真。亚里士多德验证了256种形式的三段论，并确认了其中有19种是有效的，也就是说，按照其余的237种逻辑规则，从正确的前提出发都将推导出错误的结论。

三段论包括直言三段论、选言三段论和假言三段论等。

（1）直言三段论。

举一个经典例子：

大前提：所有的人都会死。

小前提：三石是人。

结论：三石会死。

根据假的前提，一种有效的三段论将推出错误的结论。例如：

> 所有的北大附中学生都能上北大。
> 小渔是北大附中学生。
> 因此，小渔能上北大。

这只是个美好的幻想，怎么可能所有的北大附中学生都上北大呢？

这也构成了一种逻辑谬误：有问题的前提。即根据某个前提得出结论，但这个前提并不可信。

同样，前提为真，结论为真，也可能是无效的三段论。例如：

> 有些中国学生能上北大。
> 所有的北大附中学生都是中国学生。
> 因此，有些北大附中学生能上北大。

前提没毛病，结论没毛病，但这是种无效的三段论。只要把"能上北大"换成"……的在读学校在上海"再读读就会发现问题：

> 有些中国学生的在读学校在上海。
> 所有的北大附中学生都是中国学生。
> 因此，有些北大附中学生的在读学校在上海。

那么，到底是哪里不对呢？这就是在推理过程中出现了错误。在论证中，我们要同时关注前提的真实性和推理过程的有效性。

将一种论证以标准三段论的形式表述出来，就是**标准化论证**的过程。我们的日常对话基本不会用三段论这种形式来表达。想想吧，如果光头跟热带鱼说：

人在饿的时候需要吃饭。
我是人。
因此，我在饿的时候需要吃饭。

热带鱼可能想跟光头绝交了。

我们通常只会说：

饿死我了，咱们快去吃饭吧。

在生活中存在很多省略三段论，也就是说，它是存在隐含前提的。既然是隐含的，我们常常察觉不到。例如：

三石：你知道吗？文学社来了新社长，咱们赶紧换个社团吧。

小花：为什么啊？你昨天还说过你很期待能有新社长啊？

三石：但我刚听说新社长是海豹书院的，你还不知道吗，盼盼就是海豹书院的，她成天奇奇怪怪的，她们书院的人都那个样子。

这段对话实际上包含了如下三段论：

所有海豹书院的人都很奇怪。

新社长是海豹书院的。

因此，新社长会很奇怪。

更多时候，我们的一段话里会包含不止一个前提和不止一个三段论。我们先不谈三石的轻率归纳和书院偏见问题，继续扩展这段对话。

三石：你知道吗？文学社来了新社长，咱们赶紧换个社团吧。

小花：为什么啊？你昨天还说过你很期待能有新社长啊？

三石：你看刚进来的那个人，他就是新社长了，看他那样子，肯定是海豹书院的，他们书院的人都奇奇怪怪的。

小花：你怎么看出来他是海豹书院的？

三石：校服扣子都不扣，书包带还是坏的，走路都握着个手机不撒手，肯定就知道打游戏。你还不知道吗，他们书院的人就那个样子。

其中包含了三个三段论。其一：

所有走路握着手机的人都打游戏。

新社长走路握着手机。

因此，新社长肯定打游戏。

其二：

所有校服扣子不扣、书包带坏了、拿着手机打游戏的人都是海豹书院的。

新社长校服扣子不扣、书包带坏了、拿着手机打游戏。

新社长是海豹书院的人。

其三：

所有海豹书院的人都很奇怪。
新社长是海豹书院的。
因此，新社长会很奇怪。

此时，也出现了不可接受的前提谬误。

（2）选言三段论。

选言三段论采用"非此即彼"的陈述模式。如：

三石要么活着，要么已经死了。
三石还活着。
因此，三石没有死。

活着和死亡是非此即彼的状态，并不存在一种半死不活的状态。我们将该陈述抽象成符号：

要么 P，要么 Q。
非 Q。
因此，P。

这样非此即彼的情况确实不太多。想一想我们日常能遇到的，大概有"电灯要么开着，要么关着"，"飞机要么在天上，要么在地上"……但你能看到一些属于"虚假两难"的争论，也就是说，人为创造了一种假的非此即彼，比如爸爸叫你吃饭的时候可能说：

你要么现在来吃饭，要么就一直饿着吧！

（我相信爸爸是为你的身体健康着想，只是犯了一个小小的逻辑谬误，所以爸爸这么跟你说的时候，请赶快去吃饭。）

虚假两难逼迫你从两个给定的选项中做出选择，而其中一个通常是特别糟糕的选择，于是你就不得不选择另一个同样不想选但看起来没那么糟糕的，"两害相较取其轻"。你可能在网上看到过这样的文章，在结尾处附上一句慷慨激昂的"不转不是中国人！"这种道德绑架，等于给你提供了一种虚假两难：你要么转发本文，要么就是卖国贼。如果你不想当卖国贼，就得转发这篇文章。事实上，我转不转这篇文章跟爱不爱国有什么关系呢？

（3）假言三段论。

包含假言命题"如果……那么……"的三段论。例如，学校会发邮件警告你：

> 如果你本周没有做课程反馈，那么你该课成绩将被扣除1分！

这些假言命题被放在三段论形式中，形成纯粹的或混合的假言三段论。纯粹的假言三段论的两个前提和结论都是假设性命题。

> 如果你没有完成前一周的作业，那么你本周上课就不能参与讨论。
>
> 如果你上课没有参与讨论，那么你就没有本周的课堂表现分。
>
> 因此，如果你没有完成前一周的作业，那么你就没有本周的课堂表现分。

（大家请一定要写作业。）

当然，并不是所有的假言三段论都由三个纯粹的假言命题构成。有些是混合的，在混合的假言三段论中，只有大前提是"如果……那么……"形式，另一个前提和结论都是直言形式的。例如：

如果今天下暴雪，那么我们就没法上课了。
今天下暴雪了。
因此，我们没法上课了。

或者：

如果今天下暴雪，那么我们就没法上课了。
我们今天上课了。
因此，今天没有下暴雪。

这里的"如果"命题被称为前件，"那么"命题被称为后件。前件和后件的逻辑关系很明确。

我们经常看到的一种错误叫作否定前件。

如果今天下暴雪，那么我们就没法上课了。
今天没有下暴雪。
因此，我们今天还得上课。

问题出在哪里呢？今天如果 PM2.5 超过 200 或者台风、海啸来了，我们也没法上课。下暴雪不是不上课的唯一前提。

还有一种错误叫肯定后件。

如果今天下暴雪，那么我们就没法上课了。

我们今天没在上课。

因此，今天下暴雪了。

很明显，这也是有问题的。理由同上。

好了，演绎论证暂时告一段落，很遗憾我们日常能够完全使用演绎论证的情况少之又少，因为要确保大前提为真实在是太难了。况且，在三段论中成立的结论，实际生活中未必会成为凭据。例如：

所有申请参与学生自治会的学生都必须是高二和高三的。

小花是高一学生。

因此，小花不能申请参与学生自治会。

我们从大前提和小前提很容易推出结论，看起来也很合理。但是小花还是申请参与学生自治会并获得了录取，因为她提供了其他的附加条件：她对学校的自治会制度非常了解，撰写了自治会组织形式改进方案并提供了成绩证明，表示自己在学业和治理上都具备足够的能力，这种能力可以不被年龄限制。

我们并不生活在一个由严谨三段论构筑的世界中。事实上，如果我们生活在那样的世界中大概会感到非常无聊。现实生活中我们用到的更多是归纳论证。

2. 归纳论证

归纳论证并不像演绎论证那样能推导出如此严谨的必然性结论。在演绎论证中，只要前提为真、推理过程有效，结论就不可能是假的。然而，无论我看到多少只白天鹅才归纳得出了"所有天鹅都是白的"这个结论，只要出现了一只黑天鹅，这个结论就将被推翻。

既然如此，那么存在可靠的归纳论证吗？答案是肯定的，一项强归纳论证的效力并不逊于演绎论证。自然科学也好，社会科学也好，都主要依赖于归纳的方法，也正因如此，得出的结论经常受到质疑，质疑又使学者进一步探索，由此寻找出更具普遍性的结论。

归纳论证结论的可靠性依赖于带有较强可信度的前提以及前提与结论的相关性。例如：

> 中学生正处于青春期阶段，有必要掌握一定程度的性知识。
>
> 相当一部分家长会认为跟孩子讲解性知识是难以启齿的事，索性闭口不谈。
>
> 如果学校不开设性教育课程，学生就会自己去寻找其他途径了解性知识，现在的网络环境对青少年并不十分安全，学生极有可能接触到错误的性知识或色情内容。
>
> 因此，中学应该开设性教育课程，以确保学生获得必要的和正确的性知识。

一篇文章中是否会同时包含演绎论证和归纳论证？当然了，这两种论证可是很有关联的。演绎论证与归纳论证看起来是完全相反的东西，不过，如果你能运用演绎论证的形式对归纳论证进行重构，有时会使归纳论证看起来更有力。例如：

三石很不喜欢学化学，他对计算机很感兴趣，现在又恰巧有转专业的机会，因此他应该选择转专业。

如果为这种归纳论证构筑一个大前提——每个人都拥有选择自己所热爱专业的权利，那么这种论证看起来就更令人信服了。

需要说明的是，说理并不完全等同于形式逻辑，正如我们在前两章一直提到的，我们要考虑读者接受度，克服内心的种种偏见，不能所有的东西都简单粗暴地套用逻辑公式。

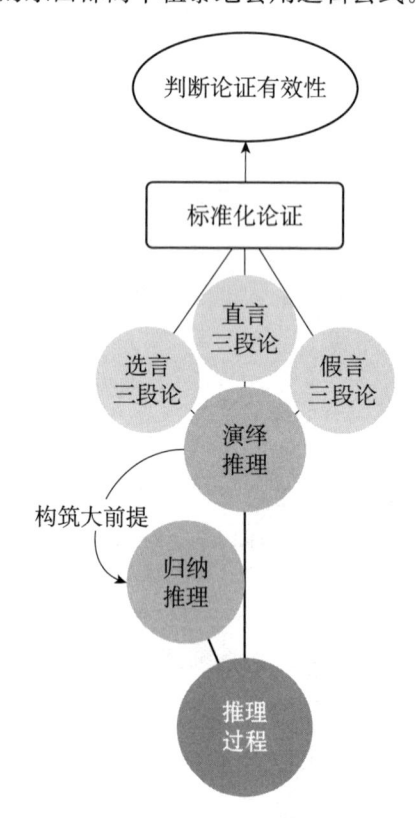

练 习

请对以下语句进行标准化论证，并判断其论证是否有效。

1. 只要是没被剥夺政治权利的中国公民都是有资格投票选举人大代表的，海豚中学的学生都是守法公民，那凭什么海豚中学的学生没有资格投票啊！

2. 你说所有语文老师都反对教学改革吗？这个会议室现在没有语文老师，这里没有人反对教学改革。

3. 在整个宇宙中，每个星系都有恒星，有些恒星又拥有自己的行星，行星围绕恒星运转。由此我们可以推断，宇宙中的有些星系拥有行星，整个宇宙井然运转。

4. 大部分教导处的通知是强制执行的，但是今天没有什么要强制执行的通知，所以今天教导处应该没什么通知。

5. 检验真理的标准必须具有把人的思想和客观世界联系起来的特征，否则就无法检验。人的实践活动是改造客观世界的活动，而实践具有把思想和客观世界联系起来的特征。因此，只有实践，才能够完成检验真理的任务。

小渔的练习本

1. 只要是没被剥夺政治权利的中国公民都是有资格投票选举人大代表的，海豚中学的学生都是守法公民，那凭什么海豚中学的学生没有资格投票啊！

　　所有未被剥夺政治权利的中国公民都有资格投票选举人大代表。

海豚中学的学生都是未被剥夺政治权利的中国公民。

因此,海豚中学的学生有资格投票选举人大代表。

推理过程没有问题,但前提是不正确的。不仅需要未被剥夺政治权利,还需要投票人是完全民事行为能力人。

2. 你说所有语文老师都反对教学改革吗?这个会议室现在没有语文老师,这里没有人反对教学改革。

所有语文老师都反对教学改革。

这个会议室没有语文老师。

因此,这个会议室没有反对教学改革的人。

"所有语文老师"并未涵盖"反对教学改革"的所有人,这个群体里也许还包含很多非语文老师。所以这个会议室没有语文老师并不能说明这里没有反对教学改革的人。

3. 在整个宇宙中,每个星系都有恒星,有些恒星又拥有自己的行星,行星围绕恒星运转。由此我们可以推断,宇宙中的有些星系拥有行星,整个宇宙井然运转。

所有的星系都有恒星。

有些恒星有行星。

因此,有些星系有行星。

大前提、小前提和结论都没有问题。但是,单从推理来看,它们之间并不构成推理关系。"所有的星系都有恒星"并不能说明所有的恒星都在星系中(虽然常识告诉我们应该是这样的)。如果按照这个逻辑对这个推理中的名词进行替换,就会变成:所有的橘子都酸。有些酸的东西是苹果。因此，有些苹果是橘子。

4. 大部分教导处的通知是强制执行的，但是今天没有什么要强制执行的通知，所以今天教导处应该没什么通知。

  有些教导处的通知是强制执行的。
  今天没有什么通知是强制执行的。
  因此，今天教导处没有通知。
  "大部分"也是"有些"，不是全部。肯定也有些教导处通知不是强制执行的。所以今天没有强制执行的通知不能说明今天没有教导处通知。

5. 检验真理的标准必须具有把人的思想和客观世界联系起来的特征，否则就无法检验。人的实践活动是改造客观世界的活动，而实践具有把思想和客观世界联系起来的特征。因此，只有实践，才能够完成检验真理的任务。

  检验真理的标准必须具有把人的思想和客观世界联系起来的特征。
  实践具有把思想和客观世界联系起来的特征。
  因此，实践能完成检验真理的任务（是检验真理的标准）。
  我很认同实践是检验真理的标准，但凭借"检验真理的标准"和"实践"具有同样特征，并不能说明它们之间的关系。就像苹果是酸的，橘子是酸的，这并不能证明苹果是橘子。

三、拆解论证结构

我们在说理中提出的理由是前提，主张是结论。此处，我们需要区分两个概念：理由和原因。它们看起来非常相近，而且常常用"为什么"来提问。比如：

对话 A：

　　小花：你今天看起来好憔悴呀。

　　光头：为什么呀？

　　小花：你看你眼眶都是青的，还有眼袋。人也蔫蔫的。

对话 B：

　　小花：你今天看起来好憔悴呀。

　　光头：被你看出来啦！

　　小花：为什么呀？

　　光头：别提了，我为了赶说理写作的作业，今天早上两点钟才睡，现在眼睛都快睁不开了！

对话 A 中的小花提出了自己的主张，即她认为光头今天很憔悴，光头询问的是关于这个主张的理由，即小花为什么会认为自己看起来很憔悴。而对话 B 中，小花询问的是光头憔悴的原因。我们将对话 A 中小花的回答称为因果论证，在这种论证中：

主张：你今天看起来好憔悴呀。

理由：你眼眶都是青的，还有眼袋。人也蔫蔫的。

而我们称对话 B 为一种因果解释：光头在给小花解释自己看起来憔悴的原因。它不存在理由支持主张，而只是在解释他们都看到的一个现象是如何产生的。

合理解释能帮我们更好地理解世界，而有效论证使我们能够理性判断。

在判断一种论证是否有效时，把论证的前提和结论拆解出来画成图，是一种不错的方法。基本的论证结构有几种类型：Ⅰ型、T 型和 V 型。

Ⅰ型：从一个前提直接推出一个结论。

```
前提
 ↓
结论
```

比如：

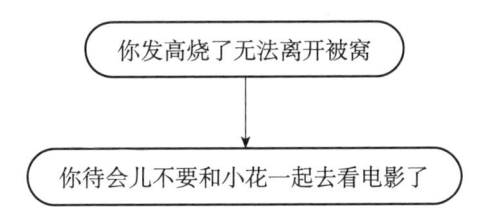

```
你发高烧了无法离开被窝
           ↓
你待会儿不要和小花一起去看电影了
```

我们当然不排除你发高烧裹着五层棉被也要和小花一起去看电影的决心，但这个前提已经构成了不去看电影这个决定的强理由。

从两个或两个以上的前提推出结论，这种类型就可能是 T

型或 V 型的。

T 型：

```
前提1 ——— 前提2
      |
     结论
```

这里的前提 1 和前提 2 是有关联的，它们同时为真才能共同支持结论。比如：

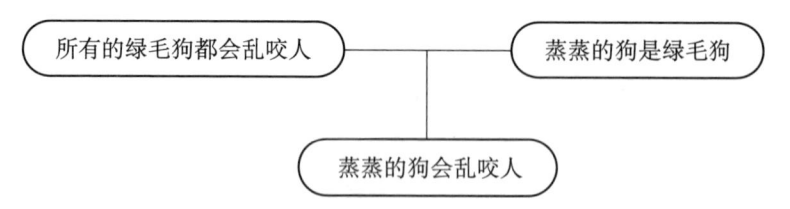

```
所有的绿毛狗都会乱咬人 ——— 蒸蒸的狗是绿毛狗
              |
        蒸蒸的狗会乱咬人
```

这两个前提必须同时成立，结论才能成立。由蒸蒸的狗是绿毛狗无法直接得出它就会乱咬人的结论，而即便所有的绿毛狗都会乱咬人，如果我们不知道蒸蒸的狗是什么品种的，又怎么能判断出它会乱咬人呢？

有时，T 型结构中也包含两个以上的前提，例如：

```
出门戴帽子的      绿毛狗        蒸蒸的狗
狗都是绿毛狗 —— 都会乱咬人 —— 出门要戴帽子
              |
        蒸蒸的狗会乱咬人
```

此时必须这三个前提同时为真，结论才能为真。

V 型：

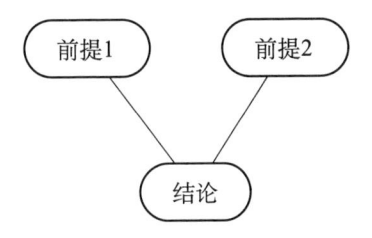

```
前提1    前提2
    \  /
    结论
```

这里的每一个前提都可以独立地为结论提供一定的支持，每个前提之间不相互依赖，它们都可以加强结论的有力程度。例如：

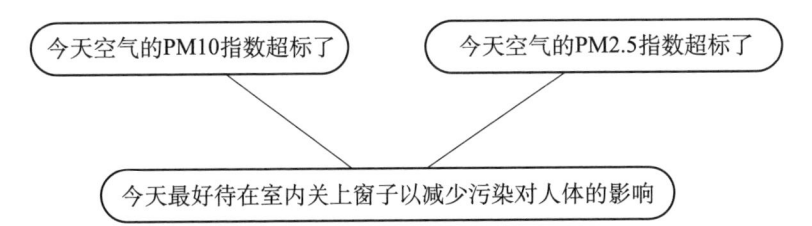

```
今天空气的PM10指数超标了    今天空气的PM2.5指数超标了
              \              /
       今天最好待在室内关上窗子以减少污染对人体的影响
```

PM10 指数和 PM2.5 指数并不互相影响，而它们中的任何一个超标，我们最好都乖乖地待在室内关上窗子。

V 型结构当然也有超过两个前提的变体，例如：

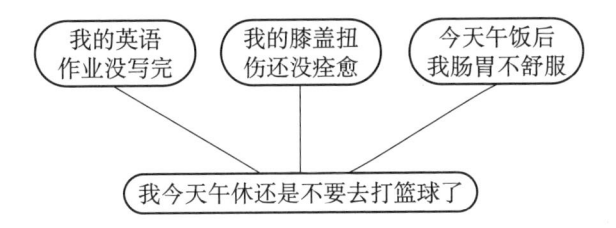

```
我的英语        我的膝盖扭       今天午饭后
作业没写完      伤还没痊愈       我肠胃不舒服
          \         |          /
          我今天午休还是不要去打篮球了
```

这里的每个前提都加强了我做出不打篮球这个决定的想法。

当然，我们见到的更多是复合型结构，也就是同时包含 I 型、T 型和 V 型中的两种或更多，层级也会更复杂一些。比如，它可能是这样的：

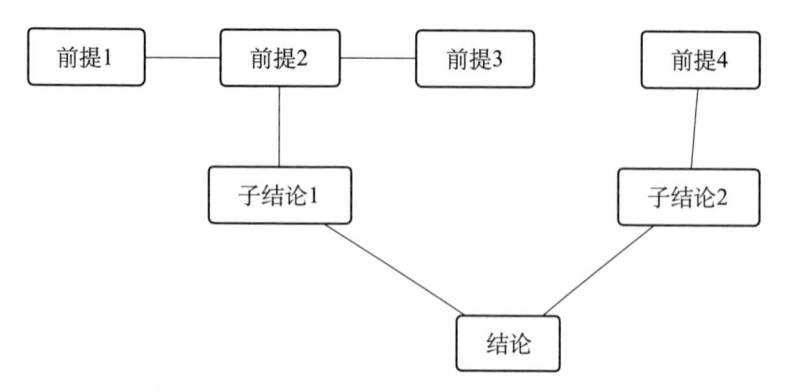

```
前提1 ── 前提2 ── 前提3        前提4
            │                    │
         子结论1              子结论2
              \              /
               \            /
                  结论
```

来看一篇完整的论证文章是如何搭建起论证结构的。

没有女性平等参与的 AI 研究终将走向偏见（节选）

从 2016 年起，国外多家媒体开始关注报道人工智能中存在的性别偏见，多位著名女科学家也发声指出这一现象。李飞飞，斯坦福人工智能实验室负责人（斯坦福 AI 实验室唯一的女性），也是谷歌云首席科学家，说："人工智能将对人类社会做出巨大改变，但我们这一整代的技术人员和领导人的多样性却正在消失。"

2012 年，美国政府在为丰田 2011 款塞纳汽车做汽车正面碰撞试验中使用了女假人，发现当这一款车在以 56 公里每小时的速度撞上护栏时，坐在前座的女假人有 20%～40% 的死亡或者严重受伤概率。而之前在使用男假人时，平均概率是 15%。弗吉尼亚大学应用生物力学中心 2011 年做的调查发现，系上安全带的女司机与男司机在经历同样的汽车碰撞时，受伤的概率比男司机高出 47%。

卡内基梅隆大学用软件 Ad Fisher 发现，谷歌网站会通过用户表现猜测用户是不是男性用户或者女性用户。一旦判断用户是男性，谷歌更有可能向用户展示高薪管理职位的广告（给男用户展示了

1 852 次，给女用户展示了 318 次）。（另外，大家不妨在各网站搜索"首席执行官"的图片，你会发现出来的大多是男性的照片。）

波士顿大学和微软的研究人员在 2016 年发现，学习谷歌新闻文字的软件再现了人类的性别偏见。当研究人员对软件提问"男性是程序员，那么女性是？"时，它的回答是"家庭主妇"。新的研究表明，性别偏见根植于两组图片集中（华盛顿大学的 imSitu 和微软的 COCO），它们原本是用来帮助软件更好地理解图像内容的。每个图片集都包含了 10 万多个来自网络的复杂场景，并配有说明。两个数据集都存在性别偏见。在 COCO 中，勺子和叉子等厨房物品都与女性高度相关，而类似滑雪板和网球拍等户外运动设备则更多地与男性相关。当图像识别软件通过这些数据集进行训练时，这种偏差就会被放大。COCO 数据集训练出来的系统可能会把鼠标、键盘和男性更为紧密地联系在一起。

除了输入数据产生的偏见，人工智能也能通过和用户的互动产生偏见。2016 年，微软推出的聊天机器人 Tay 在 Twitter 上正式上线。然而在短短 24 小时内，Tay 在部分用户的刺激下开始发表种族歧视、性别歧视的言论，被微软匆匆下线。在后来的公开信中，微软声称在开发 Tay 时已经为其加入了很多言论过滤功能，并且在 Tay 可能会说出不当言论的场景进行了大量的压力测试。微软声称，有人利用了一个漏洞对 Tay 展开攻击，最终使其开始在 Twitter 上发表"极为不当"和"应受到谴责"的文字和图片。

人工智能用的算法（algorithm）是人类设计和训练的。科研者的价值观和偏见对算法都造成很大的影响。这也是为什么我们需要更多的女性科研人员参与人工智能的设计，将女性用户的需求还有尊重性别平等的理念融入人工智能的系统里。①

　　以上文字通过对一系列覆盖面广、代表性强的人工智能系统当中所包含性别偏见案例的分析，归纳得出：目前的人工智能中存在较多性别偏见，其中出现的数据和事例，可信度很高，具有代表性和概括性，且与结论的相关性强。我们不妨画一下这篇文章的结构图：

　　　　前提 1：丰田车实验中，同等条件下女司机比男司机受伤概率高 47%。

　　　　前提 2：谷歌网站会通过用户表现猜测用户性别，并在判断用户是男性后为其推送更多高薪管理职位的广告。

　　　　前提 3：imSitu 和 COCO 数据集包含明显的性别刻板印象。

　　　　子结论 1：人工智能的输入数据存在偏见。

　　　　前提 4：微软在 Twitter 上推出的聊天机器人 Tay 在部分用户的刺激下开始发表种族歧视、性别歧视的言论。

　　　　子结论 2：人工智能可以通过和用户的互动产生偏见。

　　　　子结论 3：在人工智能中，性别偏见大量存在。

　　　　前提 5：人工智能用的算法是人类设计和训练的。

　　　　子结论 4：科研者的价值观和偏见对算法都造成很大的影响。

　　　　结论：我们需要更多的女性科研人员参与人工智能的设

---

　　① 没有女性平等参与的 AI 研究终将走向偏见（节选）．联合国妇女署官方微信公众号，（2017-11-06）[2019-05-25]．文本引用时略有改动。

计，将女性用户的需求还有尊重性别平等的理念融入人工智能的系统里。

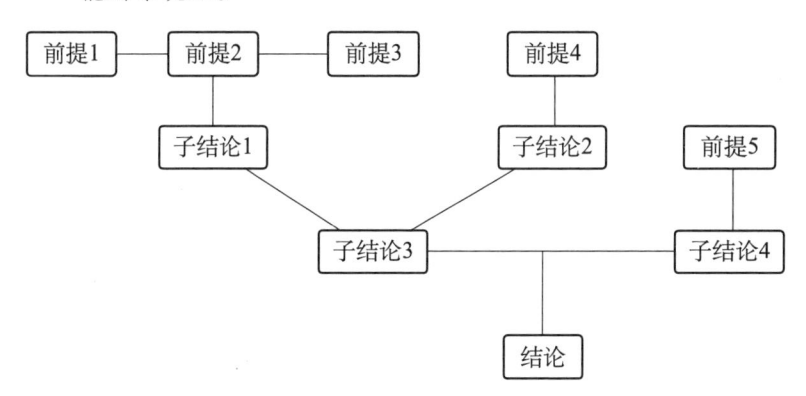

```
前提1 ── 前提2 ── 前提3        前提4
           │         │           │
           └── 子结论1           子结论2        前提5
                    │              │             │
                    └──── 子结论3 ──┴──── 子结论4
                                  │
                                 结论
```

实际上，这当中还存在两个隐含前提，否则仅仅根据"在人工智能中，性别偏见大量存在"和"科研者的价值观和偏见对算法都造成很大的影响"，将无法直接得出"我们需要更多的女性科研人员参与人工智能的设计"这个结论。

隐含前提1：人工智能中不应该存在性别偏见（这是一个道德前提）。

隐含前提2：女性科研人员的参与将使女性用户的需求还有尊重性别平等的理念融入人工智能的系统里，这有助于消除人工智能中的性别偏见。

结论：我们需要更多的女性科研人员参与人工智能的设计。

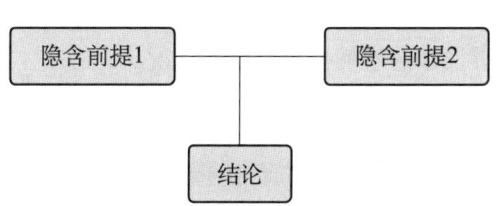

```
隐含前提1 ──────── 隐含前提2
        │         │
        └── 结论 ──┘
```

这里又是一种演绎论证了。一篇文章中可能会包含多种论证结构，在你写完一篇文章的时候，可以自己画一下结构图，来看看你的文章是不是存在逻辑链断裂的情况，所包含的隐含前提是不是可靠的、不需要再进行论证的前提，它究竟能在多大程度上说服别人。

我要在此提出归纳论证中容易犯的一种谬误：轻率归纳。即从很少的个例，有时是自己有限的观察出发，就推出整体的情况。

我从小到大都没见过咸粽子，粽子就应该是甜的！

（蛋黄肉粽了解一下，很好吃的。）

小明老师：现在的孩子一点也没有规则意识，都是家长给惯的！

小红老师：怎么啦？

小明老师：我们班的三石，今天差点把教室的电脑屏幕给砸坏，事后还若无其事！

从三石差点砸坏电脑直接得出结论——"现在的孩子一点也没有规则意识"，而三石根本无法代表"现在的孩子"。进而又进行了轻率归因——"都是家长给惯的"。但这一件小事到底是不是因为三石"没有规则意识"也有待考证。

轻率归纳还有一种更过分的表现形态，就是根本没有证据或者只是根据听说来的事就推出整体的情况。

小红老师：你知道吗，听说小星老师班上的三石啊，今天差点把教室的电脑屏幕给砸坏，之后还若无其事的！

小明老师：都砸起电脑了？她们班的班风肯定很差。

等等，您二位只是听说了这件事，真假还不知道，就直接说小星老师的班班风很差，这样合适吗？

"谣言"就是这样产生的。

练 习

让我们来看一篇熟悉的古文，使用 I 型、T 型、V 型来拆解它的论证结构。

六国论

（宋）苏洵

六国破灭，非兵不利，战不善，弊在赂秦。赂秦而力亏，破灭之道也。或曰：六国互丧，率赂秦耶？曰：不赂者以赂者丧。盖失强援，不能独完。故曰：弊在赂秦也。

秦以攻取之外，小则获邑，大则得城。较秦之所得，与战胜而得者，其实百倍；诸侯之所亡，与战败而亡者，其实亦百倍。则秦之所大欲，诸侯之所大患，固不在战矣。思厥先祖父，暴霜露，斩荆棘，以有尺寸之地。子孙视之不甚惜，举以予人，如弃草芥。今日割五城，明日割十城，然后得一夕安寝。起视四境，而秦兵又至矣。然则诸侯之地有限，暴秦之欲无厌，奉之弥繁，侵之愈急。故不战而强弱胜负已判矣。至于颠覆，理固宜然。古人云："以地事秦，犹抱薪救火，薪不尽，火不灭。"此言得之。

齐人未尝赂秦，终继五国迁灭，何哉？与嬴而不助五国也。五国既丧，齐亦不免矣。燕赵之君，始有远略，能守其土，义不赂秦。是故燕虽小国而后亡，斯用兵之效也。至丹以荆卿为计，始速祸焉。赵尝五战于秦，二败而三胜。后秦击赵者再，李牧连却之。洎牧以谗诛，邯郸为郡，惜其用武而不终也。且燕赵处秦革灭殆尽之际，可谓智力孤危，战败而亡，诚不得已。向使三国各爱其地，齐人勿附于秦，刺客不行，良将犹在，则胜负之数，存亡之理，当与秦相较，或未易量。

呜呼！以赂秦之地封天下之谋臣，以事秦之心礼天下之奇才，并力西向，则吾恐秦人食之不得下咽也。悲夫！有如此之势，而为秦人积威之所劫，日削月割，以趋于亡。为国者无使为积威之所劫哉！

夫六国与秦皆诸侯，其势弱于秦，而犹有可以不赂而胜之之势。苟以天下之大，下而从六国破亡之故事，是又在六国下矣。

小花的练习本

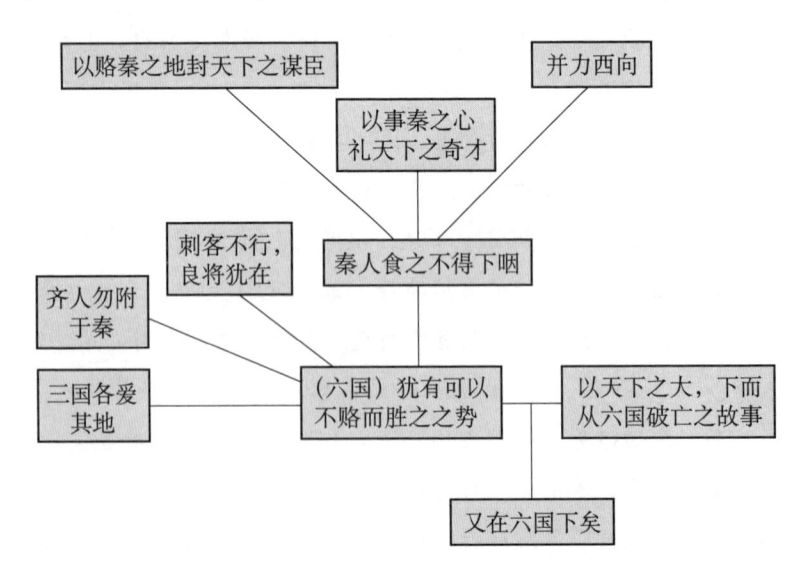

第三章 好理由是论证的关键

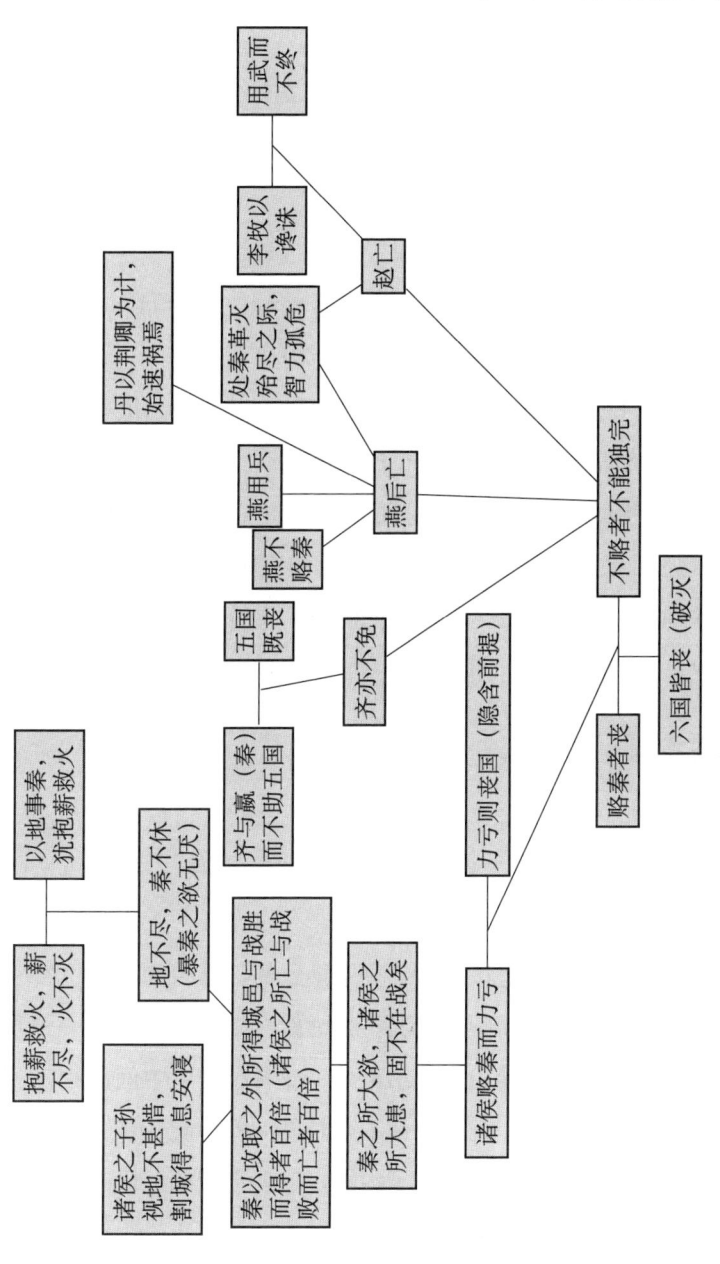

（结构图，横向排列）

- 用武而不终
- 李牧以谗诛
- 处秦革灭殆尽之际，智力孤危
- → 赵亡
- 丹以荆卿为计，始速祸焉
- 燕用兵
- 燕不赂秦
- → 燕后亡
- 五国既丧
- 齐与嬴（秦）而不助五国
- 齐亦不免
- → 不赂者不能独完

- 抱薪救火，薪不尽，火不灭
- 以地事秦，犹抱薪救火
- 诸侯之子孙视地不甚惜，割城得一息安寝
- 地不尽，秦不休（暴秦之欲无厌）
- 秦以攻取之所得城邑与战胜而得者百倍（诸侯之所亡者百倍）
- 秦之所大欲，诸侯之所大患，固不在战矣
- 诸侯赂秦而力亏
- → 力亏则丧国（隐含前提）
- → 赂秦者丧
- → 六国皆丧（破灭）

※ 正如绝大部分"结论先行"的古代史论，《六国论》并非有意识地进行结构化推理，而是先有观点，再找到合适的史实去诠释。所以，它不符合对事实的探究原则，但这不妨碍它成为优秀作品。

四、归谬论证、类比论证、因果论证

思考一个问题：你支持废除死刑吗？为什么？

除了在第二章出现过的权衡论证，我们也经常用到以下几种论证方法：归谬论证、类比论证、因果论证。

恰当的运用将使它们成为重要的论证策略。它们的目的在于使你的论证不再是干巴巴的演绎、归纳和逻辑符号，从而更具体、形象地把道理讲清楚。在运用的同时，要警惕不当使用造成的无效论证。

1. 归谬论证

归谬论证的意思显而易见，即"归为荒谬"，也就是说，这一行为/决策如果被实行，将导致荒谬的后果——这一行为/决策不能实行。

而这里的后果必须是该行为或决策导致的，当中的推理也要完善，不能出现逻辑链断裂的情况，否则就会出现滑坡谬误——你的理由是无法充分推导出这个结论的，或者越过了中间的很多步骤，直接得出了结论。就好像你本来是要沿着台阶一步一步走到地上，结果没停住，继续滑到了沟里，或者直接从上面一跃而下了。我们可能都听到过这样的"教导"：

你怎么还在玩手机啊？你不抓紧时间学习，将来考不上好大学，就找不到好工作——那你这辈子就完了！

首先，我在这个时间玩手机并不等于不抓紧时间学习，由此也不能充分得出我考不上好大学这个论断。其次，考不考得上好大学和找不找得到好工作之间并非正相关——此处可能还要定义一下"好工作"是什么工作。最后，照此推理，我这辈子的幸福就毁于正在玩手机这件事上了。虽然手机还是少玩为妙，但道理不能这么泥石流一样地讲。

以下是神喵班关于"书院活动室是否应该允许学生打游戏"这个问题的讨论，这些同学都尝试使用归谬论证这一策略：

跳跳虎：书院活动室应该允许学生打游戏。

如果不允许打游戏，书院活动室中学生活动变得单一，想要休息的同学没什么可以放松的方式，这样活动室的气氛也不够活泼，从而导致学生个性缺失，我校历来倡导的自由风格有所削弱。

从不允许打游戏推论出书院活动室学生活动将变得单一，这里已经不太充分了：不打游戏，就没有别的放松方式了吗？接下来，更进一步说学生个性缺失，乃至学校的自由风格都削弱了——这确实很荒谬了，这些并非活动室不允许打游戏就能导致的。

猫熊：书院活动室不应该允许学生打游戏。

如果书院活动室开放给学生打游戏，那么闲暇时间在书院活动室里的同学中会有人选择打游戏，这样会吸引更多人参与和围观，发出噪声打扰到其他人，其他想休息和学习的人会因此没法在活动室待着。这严重违背了书院活动室建设的初衷：给同学们提供自习和休息的场所，并建设有特色的书院文化——除非你想建设一种游戏书院文化。

这是一个可能的荒谬后果——你可能说，它不够荒谬呀！这只是书院活动室允许学生打游戏而已，本身不会导致火山迸发、洪水、海啸那么严重的后果。而导致想休息和学习的同学无法继续留在活动室、违背书院活动室建设的初衷，确实是一个可能出现的后果。

龙猫：书院活动室不应该允许学生打游戏。

书院活动室是供大家休息的地方，但是打游戏总会有大声交流喊叫的现象，大家在这种环境下不能集中注意力，因此打游戏会影响别人的学习，也会打扰想要休息的同学。同时，打游戏不学习就会使成绩下降，由此还会导致挂科，最终无法毕业，因此不应该允许学生在活动室打游戏。

打游戏很大声会影响其他同学的学习和休息似乎无可厚非，但其中也有一点小问题：如果是单人打游戏，并不会有什么大声交流喊叫，一群人打游戏才出现这种情况。接下来默认了"打游戏"就是"不学习"，会使成绩下降，最后无法毕业，这个情况并不是普遍的后果。

2. 类比论证

类比论证我们经常会看到，有很多谚语和俗语会使用类比，但是这些类比是不是准确实在有待考证。例如：

儿不嫌母丑，狗不嫌家贫。

这两句放在一起就非常奇怪，且不说母丑和家贫不是一个概念，哪有把孩子和狗放在一起说事儿的？

类比是否有效，关键要看类比物之间的相似程度。

（1）先例类比。

英美法系中有"判例法"。两个案件在关键处的情形十分相似，所以可参考之前的判决。如果你说，之前案件中的嫌疑人是河南人而现在这个案件中的人是福建人，那这并不能成为反驳这一类比的理由，因为这并非案件的关键。你当然也不能用《大清律例》时期的案例去和现在的案例类比。

不过，我们经常会用到的是另一种类型的类比：因果类比。

（2）因果类比。

因为在某种类似的情况下结果是这样的，所以此事的结果也会是这样的。其中有一种情况是，在历史上，相同情形的走向是这样的，现在情况也是这样的。2018年有一个很流行的帖子，当然这只是一个玩笑，没人会当真的：

1978年，英国王子结婚，利物浦夺得欧冠冠军，教皇去世。

2005年，英国王子结婚，利物浦夺得欧冠冠军，教皇去世。

2018年，英国王子结婚，利物浦杀进欧冠决赛，现在最紧张的就是教皇了……

这里很显然，我们都知道教皇去世和王子婚否、利物浦有没有得冠军没什么关系。（顺带说一句，2018年的欧冠皇家马德里队夺得了冠军，教皇总算放心了。）

鲁迅的《对于批评家的希望》中有这样一段：

> 独有靠了一两本"西方"的旧批评论，或则捞一点头脑板滞的先生们的唾余，或则仗着中国固有的什么天经地义之类的，也到文坛上来践踏，则我以为委实太滥用了批评的权威。试将粗浅的事来比罢：譬如厨子做菜，有人品评他坏，他固不应该将厨刀铁釜交给批评者，说道你试来做一碗好的看；但他却可以有几条希望，就是望吃菜的没有"嗜痂之癖"，没有喝醉了酒，没有害着热病，舌苔厚到二三分。①

我们可以来画个表格：

类比项		被类比项
厨子做菜	类似	作家写文章
评价菜品的人	类似	文学批评者
厨子可以希望吃菜的没得病、没喝醉，具备品菜的能力	所以，通过类比	作家可以希望批评者懂文学批评，具备文学欣赏能力

此时，海豚中学的同学们就"你是否支持废除死刑"这一问题展开了讨论。

黑猫警长：不支持废除死刑。

---

① 鲁迅.热风.北京：人民文学出版社，2006：120.

这就好比学习好了，就不需要做那么多题来巩固成绩。但是，不做那么多题不会让学习变好，反而会让学习更差。同理，人口素质高了，才能取消死刑，因为他们不需要死刑就能认识到自己的罪行或者不做触犯死刑的事。但是，取消死刑不能使人们的素质提高，反而会使之更差，因为本该被判死刑的他们认识不到问题的严重性，可能出去之后还会再犯罪。所以，按照我国现在的人口素质水平，废除死刑是没有道理的。

用学习成绩和人口素质这个类比实在是非常有趣。我们先来看黑猫警长同学的逻辑：学习好了就不需要做那么多题来巩固成绩。我们将其简单标记为：学习好→不需做题。但后一句说的是不做题→学习差，由这句我们可以推出：学习好→要做题，与前一句是完全相反的结论。况且，人口素质高是取消死刑的前提，这里还需要澄清：人口素质如何界定？什么程度的人口素质就算高的？需要解释更多的问题。

小浣熊：支持废除死刑。

在欧洲大陆已经有许多高度发达的国家明确废除了死刑，因为死刑作为一种极刑，教育意义较低，甚至有可能适得其反，怂恿罪犯铤而走险；这些欧洲国家废除死刑的另一原因就是冤假错案无法昭雪，我国也存在着相同的案例，比如聂树斌、呼格吉勒图都因执行死刑而无法挽回生命。综上，废除死刑有其特殊意义。

小浣熊同学尝试使用了不同国家之间的类比，但各个国家之间的情况不一样，这个类比还需要进一步完善。

　　蓝皮鼠：支持废除死刑。

　　死刑的司法逻辑很有问题。反观其他的严重犯罪，比如你把人打残疾了，你强奸了别人，法律会判你监禁和赔偿，而不是判把你也打残疾了或判你也被强奸。你开车肇事，最后的判决也不是判你被撞。但如果你杀了人，最后的方式是将你也判处死刑，这其实是一种以暴制暴的方式，使用的还是"复仇"思维，因循的还是《汉穆拉比法典》逻辑，不符合现代社会的人权观念。

蓝皮鼠同学另辟蹊径，直指司法逻辑这个根源，认为死刑的逻辑是以暴制暴的"复仇"思维，这是一个很了不起的发现。不过，小浣熊同学指出了他存在的问题——死刑有时并不是针对谋杀，也针对其他的犯罪方式。当一个人并非故意杀人而是过失杀人时，并不会被判处死刑，它是一种同时考虑动机和结果的判断，而不是只针对结果的裁决。

　　杠杠：不支持废除死刑。

　　废除死刑的后果就像将咬死了羊的狼从笼子中放出来一样。狼咬死了羊，将它关起来，它才能认识到自己的错误，并警示其他的狼这样做是错误的；如果将它放出来，它认为自己的错误还可以饶恕，并且会"诱导"更多的狼去咬家羊。是否该废除死刑的道理亦是这样，因此，不可以废除死刑。

杠杠同学的类比令人有些哭笑不得：狼为什么去咬死羊呢？

因为这是它的天性，它要捕猎啊。死刑罪犯为什么去犯罪呢？显然不能用"天性"去解释。况且，待在笼子里能"认识到自己的错误"的狼可真是聪明的狼。

章鱼：不支持废除死刑。

这就如同剪裁枝叶一样：在树的移栽过程中会伤害到树木的根系，移栽之后如果不对部分叶片和枝条进行修剪，那么根系所获得的水分就难以补充因叶片的蒸腾作用散失的水分，从而使得植物失水死亡。死刑也同样，如果对那些犯下严重错误、杀人放火的人不进行直接"剪裁"的处理，那么会有更多的人去追寻或是模仿他们的做法，即使获得牢狱之灾，也可以在狱中无疾而终；就像那些多余的枝叶，不被剪裁就会继续安然地吸收水分，就算最后和树木一同枯萎，自己也是满足的。若废除死刑，则社会中的糟粕就难以及时去除，也会潜移默化地改变社会风气。因此，不应废除死刑。

章鱼同学使用了一种极其复杂的类比，为此还详细解释了一个生物知识点。但是，她忘了一个很重要的问题：我们为什么要使用类比？是为了让人更方便地理解我们的观点。她的类比用了之后反而令论证更难理解，甚至要看好几遍才能明白这一类比的意思。

丸子：不支持废除死刑。

这就好比人类对核武器的使用。核武器会污染环境，造成大规模伤亡，是一种很极端的武器。但是，在战争爆发时，使用核武器能够保护人民。况且，不到万不得已的情况，我们是不会使用核武器的。人类历史上，也只有第二次世界大战时美国对日本使用过核武器：为了敦促日本尽快投降，不要再做疯狂的进攻。自从发明了核武器以来，世界出现了前所未有的连续数十年的基本和平。死刑这种方式确实很残忍，但它对降低犯罪率起到了作用，不是迫不得已法律也不会做出这样的判决。我们也必须承认，死刑有时会误杀被冤枉的人，正如核武器也会牵涉无辜平民，但效果是立竿见影的。

丸子同学用死刑与核武器进行类比，它们在性质上的相似之处是：极端手段，不到万不得已不会使用；有牵涉无辜的弊端，但效果立竿见影。这些都是很关键的特质。这个类比是较为恰当的。

最后不得不遗憾地告诉你，类比是一种看似很简单实际却很难的论证策略，因为看上去很多东西可以跟另一些东西进行类比，但真正相似的类比物并不容易找到。而且它只是为了能给人一种更形象的理解方式，它是一种辅助论证形式，不能只运用类比就直接得出结论——这样的论证是很难充分的。

一些不恰当的类比很能迷惑人，这就构成了一种逻辑谬误：不当类比。比如，之前有新闻报道一家三甲医院给孕妇发过期药，医院还给出解释："过期药就类似于菜没有吃完……我肯定吃剩菜，我相信所有中国人都吃过剩菜。"这里用剩菜类比过期药，可是剩菜对人体的危害和过期药的危害岂能同日而语？还有"被性侵的还不都是因为自己穿得太暴露了，苍蝇不叮无缝的蛋！"，且不说这里的类比建立在"受害者有罪"这一恶意人身攻击之上，苍蝇叮鸡蛋是一种生存本能，难道作为高等动物的人类，性侵也是一种无法控制的本能？

3. 因果论证

前文已经提到，原因需要解释，而理由需要论证。此处，我们要涉及一个更复杂的问题，那就是有时解释也需要论证。比如，盼盼同学在分析"戒网瘾学校"存在的原因时，给出的一个解释是"从根源上讲，还是家长对孩子教育的无力，对'什么是好的教育'缺乏判断力"。此时，你就可以进一步要求她给出论证：为什么她这样认为？

一种因果论证是否有效的关键是，我们列出的"原因"和"结果"之间是否真的具有因果关系。比如，我们在前面的例子中提到的英国王子结婚、利物浦夺冠跟教皇去世之间显然并不存在因果关系，而只是恰巧发生在同一年而已。

我们在高中的数学课上也会学到几种原因：充分原因、必要原因、充要原因、辅助原因。

(1) 充分原因/必要原因。

如果 A 发生，B 就必然发生，但 B 发生不一定导致 A 发生。

则 A 是 B 的充分原因，B 是 A 的必要原因。

小星老师是一个妈妈，所以她是一名女性。但由小星老师是女性，无法推出她是一个妈妈。妈妈是女性的充分条件，女性是妈妈的必要条件。

(2) 充要原因。

仅 A 出现就可推断出 B 发生，仅 B 出现也能推断出 A

发生了。

充要原因在科学理论中比较常见，例如：一个三角形是等腰三角形是这个三角形两腰上的高相等的充要原因。但在日常生活中就不是很常见了。

（3）辅助原因。

　　有助于事件发生的原因。

例如，吸烟可能导致肺癌。吸烟是肺癌一个很重要的原因，但吸烟不必然导致肺癌，肺癌也不一定因为吸烟。

我们来看几位同学关于"你认为有哪些原因造成目前出现的青少年堕胎率升高这一现象"的讨论：

　　小浣熊：我觉得学校的性教育课程缺失必然导致青少年堕胎率升高。学生的主要活动场所就是学校，大部分知识也是在学校获得的，如果学校不普及性知识，学生有这方面的需求，就会自己去网上查资料，这些资料可不都那么靠谱，最后就出事了。

　　眼镜猴：我同意你说的学校性教育课程缺失会对青少年堕胎率造成影响，但它不是单一的影响因素。最直接的原因应该是医院堕胎手术的普及性，学校性教育缺失可能会导致青少年进行无防护性行为的概率升高，从而导致青少年怀孕的比例升高。但你想想，如果是在偏远的不发达地区，无法实施堕胎手术，性教育缺失就无法对堕胎率升高造成影响。

　　长颈鹿：变量还不止这些。你不在学校学习这些知识，家长也可以给你科普啊。

小浣熊：但在国内，很多家长会觉得这样的事难以跟孩子启齿吧。

长颈鹿：可这不能说明性知识只能在学校学习。

小浣熊：有道理。我觉得媒体在其中也有作用。我去过一个城市，那里的汽车座位后面都印着"无痛人流"的广告，还有什么"上午做手术，下午就上班"这种广告词，这会给人造成一种印象，即堕胎是一件很容易的无所谓的事情。

眼镜猴：没错。还不只这样，在一些性教育普及的国家，堕胎率也不低，另外一些没有性教育的国家堕胎率并不高。比如一些伊斯兰教国家，他们的性教育不见得很好，但由于宗教信仰，他们不允许堕胎。

长颈鹿：所以，这种现象其实是很多因素共同作用的结果。

许多社会现象是多种原因导致的结果，找到必然导致该现象的原因并不容易，有时可能根本没有，因为事物之间的相互作用本身就是复杂的。

这里还要介绍一个与因果论证相关的逻辑谬误：腌菜谬误。

它的名字源自一个与腌菜有关的梗：99%的癌症患者吃过腌菜，99%死于火灾和车祸的人在事故发生前一个月内吃过腌菜，所有生于1870年、后来吃过腌菜的人死亡率达到了100%！因此，腌菜是致命的食物，大家千万不要食用了。

这下，你看出这个论证中的问题了吧？

实际上，两个相关的事物之间并不必然存在因果关系，比如，白头发和老花眼会伴随产生，但它们只是两种平行的现象，拥有一个共同的原因：年龄增长。有时候，也会出现因果倒置：一个城市中的警察数量和犯罪率可能是正相关的，小星因此得出结论，警察多会导致犯罪率高——这太荒谬了，难道不是因为犯罪率高所以要增加警察数量？而另一些时候，看起来不相关的事物也可能有联系。比如，某超市发现纸尿裤和啤酒的销量呈正相关，这两件商品看起来毫无联系，但经过研究发现，出现这种正相关是因为母亲通常要留在家里照顾年幼的婴儿，这样就会由父亲去超市购买纸尿裤，这时他们会想要顺便给自己带一兜啤酒，以此消遣，从而缓解育儿的疲劳。

最后还要提醒你，两个先后发生的事件之间也不必然存在因果关系。

三石在文章里写道：

> 俗话说得好，"慈母多败儿""严师出高徒"。邹韬奋小时候在父亲面前背书，只要有一点停顿父亲就要打他，他母亲一边哭还一边说"打得好"，就是这样严格的父母造就了优秀的出版家和革命者。著名的文学家鲁迅先生曾写过，他小时候在三味书屋，他的老师也是个非常严格的人，书屋里有戒尺，还有罚跪的规矩。就是这样的严师成就了鲁迅这样的文学巨匠、文学史的丰碑。

没错，他们小时候都被打了，但如何证明挨打和成为伟人之间的因果关系呢？我们也可以称之为乱赋因果。

同样，腌菜和死亡率之间有联系，但这种联系不足以表明腌菜提高了死亡率。如果你要说腌菜提高了死亡率，就必须说明，在食用腌菜的行为中有什么因素导致了人们死亡率更高。我们如何知道这是真的呢？你可以参考这些判断标准：

- 所认为的原因发生在结果之前吗？

在腌菜的例子中，吃腌菜确实发生在得癌症之前。

- 所认为的原因和结果之间有关系吗？

99％的癌症患者吃过腌菜，看起来似乎有关系。

- 所认为的原因和结果之间存在可信的因果解释吗？

这就需要考虑一下了。如果食用腌菜导致死亡率提高，那么它必须有一些特性会导致人们更容易死亡。而这里提到的只是"99％的癌症患者吃过腌菜"，无法做出因果关系的证明。先后顺序并不决定因果关系。

- 有没有其他可接受的替代原因？它们能被排除吗？

由于缺少对照组，所以针对腌菜得出的数据结论并不具有说服力。如果想说明腌菜确实影响我们的健康，就要将经常吃腌菜的人发生健康问题的比例和不吃腌菜的人发生健康问题的比例做个对比。如果缺乏适当的对照，那么就缺乏相关的证据。而且，99％的死于癌症的人吃过腌菜，可能的解释是大多数人吃过腌菜，所以得不得癌症和吃不吃腌菜并没有因果关系。至于所有出生于1870年、后来吃过腌菜的人中，死亡率达100％，恐怕现代人中还没有谁活到150多岁的。这就像在说：现在年轻人生活太不规律，"00后"还没有谁活过30岁呢！——那是因为"00后"最大的也才20多岁。

在"青少年堕胎率升高"的例子中，可接受的替代原因则更多。影响这一结果的因素除了学校性教育缺失，还包括宗教、法律、政策、家庭教育等因素的交织作用。

我们来看长颈鹿同学的文章。他在文中用到了何种论证策略？是否恰当呢？你可以用笔标出来。

"正能量"可以伪造吗？

一位有200多万粉丝的博主发布了一个名为"网络中的键盘侠在现实中可能都是窝囊废"的视频。视频的内容是：一位美国人在他YouTube上的视频底下发布了歧视中国的言论，由于这个博主生活在美国，于是他直接开车到另一个城市去找这位"键盘侠"当面对质，最终成功使其道歉。可是没过几天就被曝光，这个博主根本就没到另一个城市，而是在自己的城市随便找了一个地方，而那个"键盘侠"也是他找的"托儿"。我本以为这种造假行为会使博主名誉扫地，没想到他不但接着发视频，底下的评论竟然还都是支持他的。诸如"初心是爱国就是好的""看视频就是看个乐，干什么较真呢"。

然而，伪造的是"正能量"视频，就可以接受了吗？从原则上讲，这个视频传播了虚假的信息，并且获取了可观的利益（此视频播放量高达220万），这本身就是违背了基本道德的一件事。如果说只是在做节目，有一点剧本是合理的——做美食、娱乐、旅游节目有剧本都还可以接受。可是，这个视频直接涉及了歧视问题，自己创建一个美国账号侮辱中国，这难道不是相当于同时侮辱了美国人和中国人吗？

有人说，他的初衷是发布爱国"正能量"，可是，所谓"美国人的账号"是他自己建立的，所以视频中表现出来的那些对

"喷子"的不满也不是发自内心的，此时声称自己在传播爱国情怀恐怕很不妥。这就好比一家水果店曾经卖过坏水果，而你到了店里发现找不到坏的水果，于是你自己戳烂一个去跟店主理论，然后告诉大家你在伸张正义。由此，我认为他的初衷只是包装一个爱国博主的人设，以此来获得更高的流量。那么，这种做法到底能不能给社会带来正能量呢？不可否认，如果这件事情没有被曝光，确实会让粉丝们觉得这是正义的事情，可这样也不是"增加民族自豪感"，而只是在渲染"民族情绪"，激化矛盾。

更进一步想，造假被曝光，不仅仅会给看视频的观众带来不正确的引导，还会让其他图谋不轨的博主意识到，原来造假就可以获利。如果以后越来越多的博主选择视频造假，那么后果真是不敢想象。此外，因为那个"美国键盘侠"是博主的"托儿"，所以一切似乎很顺利。但他是一个极具影响力的博主。如果他的粉丝们都认同这种做事方法，以后遇到这类事情也用此办法解决，直接找上门去理论，那么遇到一些现实中比较极端的"键盘侠"，自己的安全将很难得到保障。而且考虑到这是在美国，如果一些不理智的粉丝们如此效仿，闯进别人家中，那么主人可是有权直接开枪的。

用错误动机、不良影响和粉丝们的人身安全换来虚假的"民族自豪感"，我认为这无疑是一件弊大于利的事。

论证方法

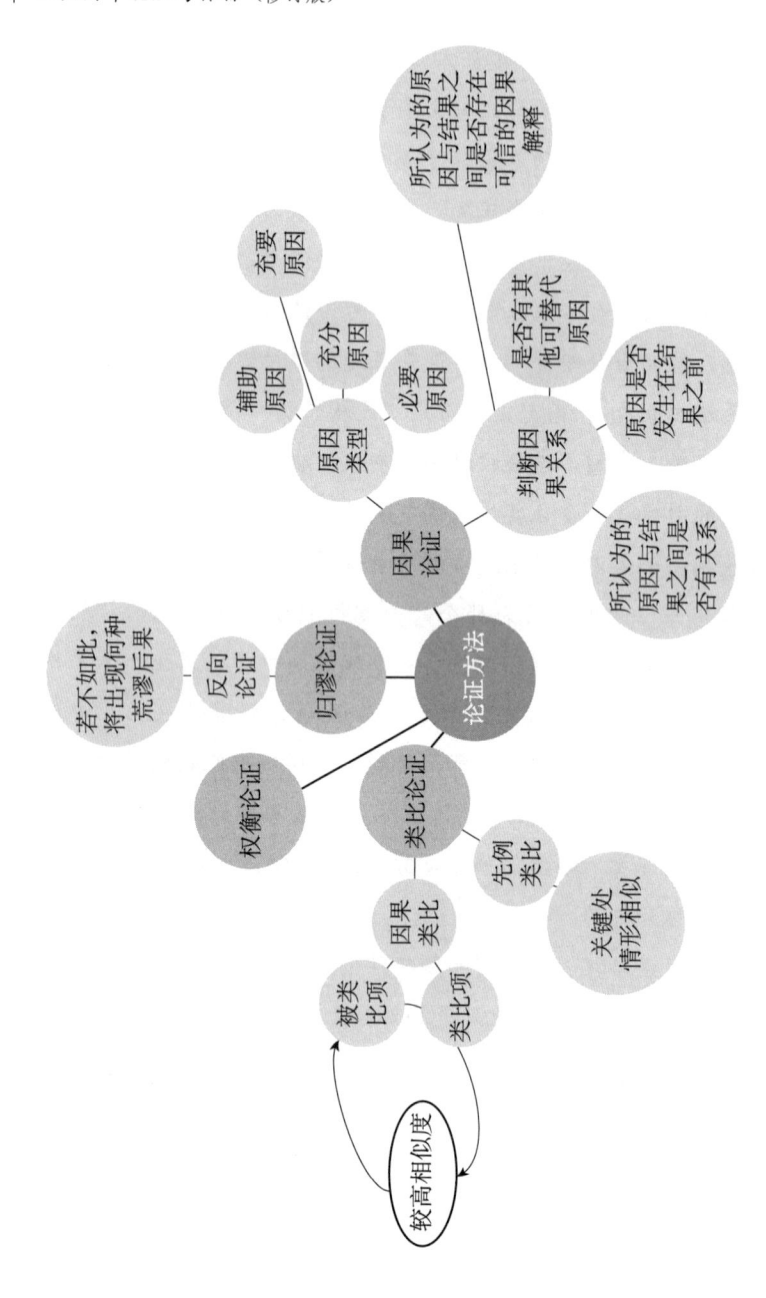

- 因果论证
  - 原因类型
    - 辅助原因
    - 充分原因
    - 充要原因
    - 必要原因
  - 判断因果关系
    - 所认为的原因与结果之间是否存在可信的因果解释
    - 是否有其他可替代原因
    - 原因是否发生在结果之前
    - 所认为的原因与结果之间是否有关系
- 归谬论证
  - 反向论证
    - 若不如此,将出现何种荒谬后果
- 权衡论证
- 类比论证
  - 被类比项
  - 类比项
  - 因果类比
  - 先例类比
  - 关键处情形相似
  - 较高相似度

练 习

让我们来看看说服性思维的鼻祖苏格拉底与其好友格黎东的一段对话（请阅读商务印书馆 2004 年出版的《柏拉图对话集》第 56~71 页，即"格黎东篇"的内容）。这段对话的背景是苏格拉底已被判处死刑，格黎东劝他逃走。格黎东给出了说服的理由，苏格拉底也充分地反驳了格黎东的理由。请在阅读后写出：

1. 格黎东的主要观点。

2. 用所学的 I 型、V 型、T 型模式拆解苏格拉底的论证结构。

3. 找出苏格拉底运用的归谬论证、类比论证、权衡论证。

光头的练习本

1. 格黎东的主要观点：

（1）如果苏格拉底死了，那么他们这些苏格拉底的朋友不仅失去挚友，还会被别人冠上重财轻友的恶名，因为他们花很少的钱就可以救出苏格拉底。

（2）苏格拉底不必担心出去以后会流亡不知何以自处，因为在很多地方他会受到欢迎。

（3）苏格拉底明明可以挽救自己却选择赴死，这是一种自暴自弃，是仇人求之不得的事。而且这等于遗弃了子女，是不负责任的行为。

2. 苏格拉底的论证结构：

其中包含了几组 T 型论证。

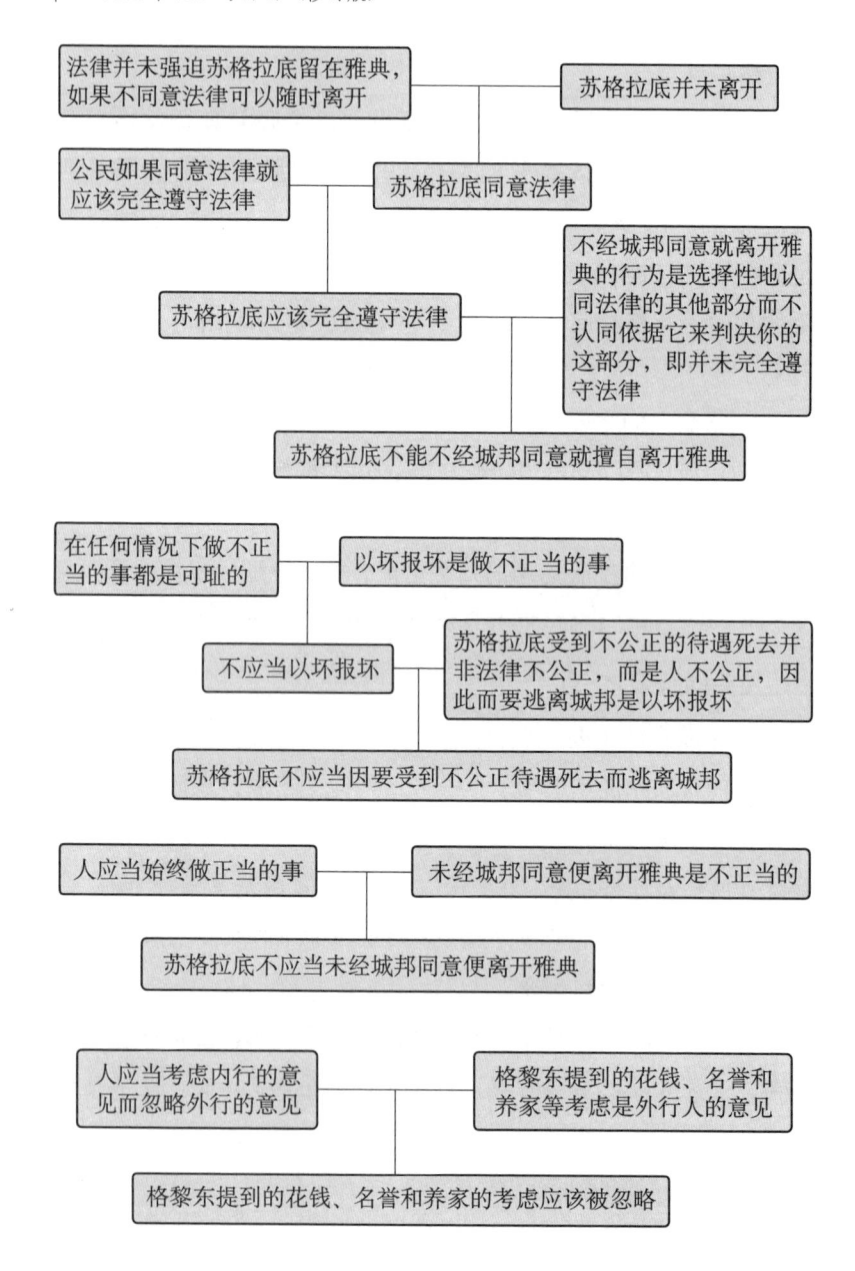

```
[法律并未强迫苏格拉底留在雅典，
如果不同意法律可以随时离开] ──┬── [苏格拉底并未离开]
                              │
[公民如果同意法律就              │
应该完全遵守法律] ────┬──── [苏格拉底同意法律]
                      │
                      │        [不经城邦同意就离开雅
                      │        典的行为是选择性地认
                      ├──── 同法律的其他部分而不
                      │        认同依据它来判决你的
                      │        这部分，即并未完全遵
                      │        守法律]
         [苏格拉底应该完全遵守法律]
                      │
         [苏格拉底不能不经城邦同意就擅自离开雅典]


[在任何情况下做不正
当的事都是可耻的] ──┬── [以坏报坏是做不正当的事]
                    │
                    │     [苏格拉底受到不公正的待遇死去并
                    ├──── 非法律不公正，而是人不公正，因
                    │     此而要逃离城邦是以坏报坏]
         [不应当以坏报坏]
                    │
         [苏格拉底不应当因要受到不公正待遇死去而逃离城邦]


[人应当始终做正当的事] ──┬── [未经城邦同意便离开雅典是不正当的]
                          │
         [苏格拉底不应当未经城邦同意便离开雅典]


[人应当考虑内行的意              [格黎东提到的花钱、名誉和
见而忽略外行的意见] ──┬── 养家等考虑是外行人的意见]
                      │
         [格黎东提到的花钱、名誉和养家的考虑应该被忽略]
```

3. 苏格拉底运用的论证方法

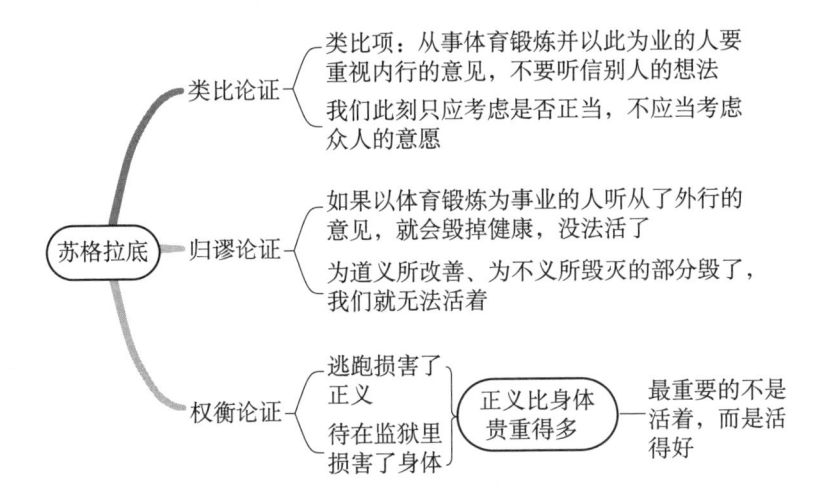

苏格拉底
- 类比论证
  - 类比项：从事体育锻炼并以此为业的人要重视内行的意见，不要听信别人的想法
  - 我们此刻只应考虑是否正当，不应当考虑众人的意愿
- 归谬论证
  - 如果以体育锻炼为事业的人听从了外行的意见，就会毁掉健康，没法活了
  - 为道义所改善、为不义所毁灭的部分毁了，我们就无法活着
- 权衡论证
  - 逃跑损害了正义
  - 待在监狱里损害了身体
  - → 正义比身体贵重得多 → 最重要的不是活着，而是活得好

给教师的课堂活动小贴士

1. 组织学生为组内其他同学的作品撰写批注。（每小组5人为宜）。

要求：

①针对作品的观点和论述进行评注（同意/不同意其观点的理由，其论证合理/不合理的理由）。

②不能在评注中进行任何形式的人身攻击。

③每条评注至少50个字。

同伴学习有时比教师指导更有用——教师没有那么了解青少年对社会问题的看法，同龄人彼此的交锋更能激起表达欲。教师的"权威"指导会让学生直接封锁想法。

2. 使用"8分钟面对面"讨论评价表让学生参与更多同学的作品讨论。

操作指南：

将教室的桌子拼接成一张长条桌，两侧各放若干座椅。同学们可以自行选择座位。给 B 列的每位同学发一张"面对面"表格（可根据人数添加行）。

来自××	问题	回应

A 列同学负责给坐在对面的 B 列同学的作品进行提问。注意：是针对对方的观点及论证过程提出问题，不针对写法或文采方面的问题进行讨论，对方要负责当场回应问题。B 列同学负责记录问题，A 列同学负责记录回应。

每位同学给对方提问及回应、讨论的时间不超过 8 分钟。

8 分钟之后，A 列同学顺时针移动一个座位，给新的对面同学进行提问。

后一位 A 列同学的提问不能与前一位同学的问题重复。

第四章

有主张，就会有反驳

一、如何进行有效的反驳

1. 立论与驳论

回应反对意见时，你需要先弄清楚对方的观点到底是什么——如果你对对方的想法一知半解，很有可能在反驳的过程中犯"稻草人谬误"。

这一谬误故意夸大、曲解对方的意思，将其歪曲成一个别的观点再反驳，而对方要么本来不是这个意思，要么根本就没有表达过这个意思。"稻草人"在这里是个很形象的说法，比如灰犀牛同学和杠杠同学打架（打架是不对的，大家不要和同学打架），灰犀牛打不过杠杠，就在杠杠旁边扎一个稻草人说：这就是杠杠哟！一拳打倒稻草人之后宣称：我打倒了杠杠！

《红楼梦》里有这么一段对话：

> 林黛玉："你又来作什么？横竖如今有人和你顽，比我又会念，又会作，又会写，又会说笑，又怕你生气拉了你去，你又作什么来？死活凭我去罢了！"
>
> 贾宝玉："你这么个明白人，难道连'亲不间疏，先不僭后'也不知道？我虽糊涂，却明白这两句话。头一件，咱们是姑舅姊妹，宝姐姐是两姨姊妹，论亲戚，他比你疏。第

二件,你先来,咱们两个一桌吃,一床睡,长的这么大了,他是才来的,岂有个为他疏你的?"

林黛玉啐道:"我难道为叫你疏他?我成了个什么人了呢?我为的是我的心。"①

贾宝玉这时还是很讲道理的,他给出了两个理由,但是林黛玉这时候就犯了稻草人谬误。贾宝玉说我不会为了她疏远你,并不是"你叫我疏远她"。情侣吵架的时候经常犯这个错误:

盼盼:你又把袜子到处乱扔!

盼盼的男朋友:你凭什么说我不讲卫生?

盼盼:你就是不讲卫生!

盼盼的男朋友:我只是没把袜子放好,你竟然就不爱我了!

当然了,不只在情侣中间,稻草人谬误在现实生活中比比皆是。例如:

三石:我觉得《弟子规》当中的一些内容不利于独立人格的培养,比如"父母教,须敬听;父母责,须顺承",还有"号泣随,挞无怨"之类的。

芳邻:你以为自己有多了不起,就这么随便否定起中国传统文化了!

三石:我只说了一本书里的两句话不好,怎么就变成否定中国传统文化了……

---

① 曹雪芹,高鹗. 红楼梦. 北京:人民文学出版社,1982:285.

在确保自己不误解对方的意思之后，你还需要找到他/她的目的是什么。所谓"反对意见"，往往并不是完全对立、水火不容的两种观点——如果实在是这样，也很难形成对话了。最终，你可能会发现，双方有着一致的目的，即便不是如此，你也可以找到一个"共同基础"，取得"最大公约数"，来完善你的论证。

你需要找到：对方最关注的价值是什么？你们共同关注的价值是什么？反驳别人最好的办法不是抓住对方的漏洞把对方堵死在墙角，而是创造一片更广阔的场域，让大家更好地互相理解。

较好的反驳方式有两种：一种是指出对方的理由和证据存在的问题；另一种是直接提出相反的理由和证据，来论证自己的想法。也许我们可以通过一次政策性辩论来理解立论与驳论。

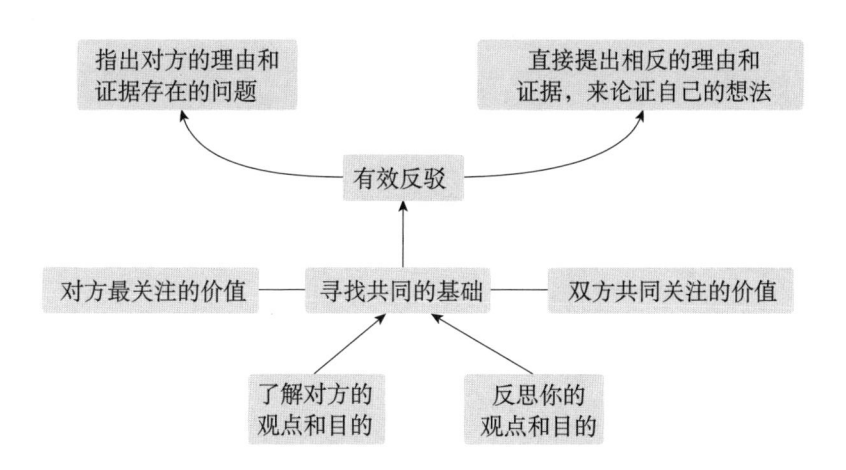

练习

1. 请在观看这场辩论之前,请先根据你对辩题的理解写下自己的观点及理由。

辩题:面对如今提高中考分流普职比的呼声,我国是否应该保持中考分流普职比大致相当?

我的立场:＿＿＿＿＿＿＿＿＿＿＿＿＿＿＿＿＿＿＿＿

＿＿＿＿＿＿＿＿＿＿＿＿＿＿＿＿＿＿＿＿＿＿＿＿＿

我的理由:＿＿＿＿＿＿＿＿＿＿＿＿＿＿＿＿＿＿＿＿

＿＿＿＿＿＿＿＿＿＿＿＿＿＿＿＿＿＿＿＿＿＿＿＿＿

＿＿＿＿＿＿＿＿＿＿＿＿＿＿＿＿＿＿＿＿＿＿＿＿＿

2. 看完辩论之后,你是否仍然坚持自己的立场?你方哪些论证坚定了你的立场?

如果你被另一方说服了,是对方的哪些论证说服了你?

＿＿＿＿＿＿＿＿＿＿＿＿＿＿＿＿＿＿＿＿＿＿＿＿＿

＿＿＿＿＿＿＿＿＿＿＿＿＿＿＿＿＿＿＿＿＿＿＿＿＿

＿＿＿＿＿＿＿＿＿＿＿＿＿＿＿＿＿＿＿＿＿＿＿＿＿

3. 你认为你方在辩论中漏掉了什么重要的论点?可以如何论证这一论点?

＿＿＿＿＿＿＿＿＿＿＿＿＿＿＿＿＿＿＿＿＿＿＿＿＿

＿＿＿＿＿＿＿＿＿＿＿＿＿＿＿＿＿＿＿＿＿＿＿＿＿

＿＿＿＿＿＿＿＿＿＿＿＿＿＿＿＿＿＿＿＿＿＿＿＿＿

正方立场：应该保持普职比大体相当，现阶段不适宜提高普职比。

正方代表：一辩灰犀牛，二辩热带鱼，三辩三石，四辩丸子。

反方立场：不应保持普职比大体相当，应该提高中考分流普职比。

反方代表：一辩盼盼，二辩光头，三辩杠杠，四辩长颈鹿。

申论环节

正方申论

正方一辩：我方支持中考分流职高和普高人数基本相当。这有利于国家因材施教，社会多元化的分流，知行合一，从而提升我国的国际竞争力。以下分别阐述。

首先，人与人之间存在差异，不是每个学生都适合接受单一的以学术为导向的普通高中教育。有的学生在学术上投入了大量的精力，但可能得不偿失，难有成效。如果学生有学术之外的职业专长而让他们放弃专长去学习并不擅长的学术课程，是不人道也是不公平的。

其次，要为社会培养不同的人才，就需要对学校教育的内容加以分类，于是问题就产生了，根据技能类型的不同进行课程分类必然要求教育分流，也就是说学生必然被分成不同的组别，置身不同的教育环境，导向不同的社会归宿，学术和职业技术的分流因之成为必然。我国正处于经济转型的关键时期，就是从制造大国向制造强国转变的时期，产业链在调整、升级，这就需要大量的工人来适应产业链的转型、扩张。为了应对越来越多新兴技术、新兴产业的出现，重视职业教育势在必行。

最后，保持相当数量的职校学生有利于实践行业的知行合一。二十大报告中提到，教育、科技、人才是全面建设社会主义现代化国家的基础性、战略性支撑，要加快建设教育强国。要实现教育现代化，我们就要先看看已经现代化的发达国家的教育。德国的职业教育在世界上非常有名，在德国，超过一半的中学毕业生倾向于选择职业教育。在德国人眼中，不论你是读大学还是职业教育，人人都是平等的，人们不会强制要求孩子去读高中和大学，并非只有上大学才是成才之路。孩子可根据自身情况选择相应的职业教育，从职业教育中出来的人同样会成为企业的精英、支柱。我们需要打破的是大学是培养精英的唯一途径的执念，而不是顺应这种执念去培养越来越多与产业结构不匹配的大学生，这培养出来的也并不是所谓精英。职高的学习模式是以实践为导向的，其中也不乏难度高、需要钻研的知识，加上和所学知识配合实践，反而适合大部分经验与知识并需的职业，如技术工人、医护人员等。职高同样可以培养出高质量的技术精英。

综上所述，我方坚定地赞同中考升入普高和职高的比例相当。

（正方主要从需求的角度立论，包括个体发挥专长的需求和国家多元发展的需求。并提出了保持普职比的阻碍：人们认为大学是培养精英的唯一途径。所以并非普职比大致相当有问题，而是人们对教育的目的和意义的理解有问题。）

质询环节

反方四辩质询，正方一辩回答

质询：你刚才所提到很多人不适合接受学术教育，这样的人比例高达一半吗？

回答："不适合"只是一个原因，除此之外还要关注社会需求。学术型人才只是社会所需人才的一部分，甚至是一小部分，大部分人是要从事实践工作的。

质询：很多大学专业也培养实践型人才。你刚才还说我国正从制造大国向制造强国转变，想要培养拥有更高级技术的人，这恐怕还是需要更高精尖的学府的。

回答：你有没有听说过从北大转学去职业技术学校的一名学霸，他一直很喜欢钻研实践技术，因为高考分数非常高，被北大录取了。但在大学期间，他依然觉得这不是自己真正的爱好，大学知识太理论了，甚至工科专业的实践机会都很少，所以他从北大转去了北京一所职业技术学校。

质询：这个案例实属少数，你不能拿个例当作整体情况。更多的职校生在羡慕北大学生，而北大学生就这一个想要去职校吧。

回答：个例也可以反映问题。目前，大学替代了职业教育的部分功能，大学本来是用来钻研学术的，但大学生真正钻研学术的却非常少，大学生多半在发愁毕业找工作的事。大学生也要自己去找实习，做实践工作，因为学校没有提供合适的机会。

（反方的质询抓住了正方立论中一个模糊的概念：不适合。这是一个并不能给出明确数据的概念，我们合理怀疑这是正方的

一种想当然。同时，反方质疑了正方论据的典型性。）

反方申论

反方一辩：我方认为，不应该保持中考分流普职比大致相当，而应增加升入高中的人数。进入普通高中的目的是进入大学，攀登学术高峰，而进入职高会更早地进入社会。二者对人的创造力的要求相去甚远。在当今时代，人工智能正在进入各个行业，对创造力要求更高了。职业技术学校只能解决现在对劳动力的需求问题，长期来看，仍然会导致失业率的上升，影响经济发展。

即便从当代就业市场的角度来讲，签订正规劳动合同的单位通常要求至少全日制的本科或专科学历，很多中职学生找不到有社会保障的工作。况且，我国职业技术学校的发展并不成熟，虽然现在很多职业技术人才得到了社会的认可，但是由于管理松散，加上赛道的狭窄，其实大家都是通过中考这一途径实现的分流，而考上中职的学生大多是后部学生，本来自律性就比较差，很难自觉学习，更容易滋生不良的习惯，家长对这样的学校也不放心。国家发展职业教育，满足社会对基础实用性人才的需求并没有错，但是在中职学院发展不成熟的今天，不应该一味控制普通高中的入学数量，应该扩大普高的招生，满足大家对更成熟和严格教育的需求。普及高中可能是现代家长呼声最高的愿望了。确实有些孩子的知识基础比较差，只能走技术型人才的道路，我们可以在高中设立技术性的课程，满足不同层次学生的需要，最终将学生都送入全日制本科和专科学习。这样才能从根本上实现提升现代公民的科学文化素养，而不是让许多学生在中考就被分流到中职学校混几年，直接进入社会，这不符合我国人才需求的长远考虑。教育部也公开强调，当今中国需要普职协调发展，不要一刀切，允许各地普职比例存在差异。

综上，我方认为，不应该保持中考分流普职比大致相当，而应增加升入普通高中的人数比例。

（反方主要从需求和损益比的角度立论。但很遗憾这里出现了"没有真正的苏格兰人"谬误，论证中改变了"普通高中"的概念。前面已经说过进入普通高中的目的是进入大学，普通高中培养学术人才。如果是为了满足学生和家长的需求而在普通高中特别设立技术性课程，培养技术型人才，这等于又在普通高中里分流出了中职。）

质询环节

正方四辩质询，反方一辩回答

质询：刚才你说只有进入普高才能继续攀登学术高峰，但其实职校的学生也可以参加高考，不仅可以上大专，还可以上本科，你可以去了解一下，职业高中都有高考班。

回答：但是职高生参加高考胜算是相当低的。职高的老师缺乏高考备考的经验，学习环境也不好，职高生怎么考得过那些在普通高中学习三年、一心只为高考的学生呢？

质询：很多地区也在探索职校生高考，不用去参加普通高考。新修订的《中华人民共和国职业教育法》第二章第十七条还规定：国家建立健全各级各类学校教育与职业培训学分、资历以及其他学习成果的认证、积累和转换机制，推进职业教育国家学分银行建设，促进职业教育与普通教育的学习成果融通、互认。这些都是我国为打通职业教育和普通高中教育做出的努力。

回答：但考试方式和普通高考并不相同，是文化素质＋职业技能的形式，其实培养的还是技术型人才。

质询：大家都要对自己的选择负责，你既然之前选择了职业教育，现在又想转换赛道，不能让国家政策为你的这种选择服务吧？

回答：初中毕业生的年龄大概十五六岁，还是未成年人，恐怕没法为自己的选择完全负责吧？这是不是说明，我们可以把这个选择时间推后，等到十八岁再让人选择自己一生的道路呢？

质询：目前职业教育整体发展水平不高，但我国正在大力倡导职业教育发展。我国一直实行的是双轨的教育机制，只有我们转变观念，不要把职业教育当成大家避之不及的东西，或者当成"失败者"才会去的一个选择，让更多的优秀学生也去职业学校，才能推动职业教育发展。社会需求层面，刚才对方辩友提到职高的就业率不高，根据教育部 2022 年公布的数据，十年来，我国中职就业率（含升学）持续在 96% 以上，高职在 91% 以上，高于普通高校的平均就业率。

（正方首先质疑了反方的概念界定，提出了一个概念漏洞，即现在职校生也可以上大学。但这其实不是该辩题的核心问题。同时，正方提出的这个质疑又恰恰印证了自己立论中提出的"我们需要打破的是大学是培养精英的唯一途径的执念"。）

自由辩论环节

正方：超过50%的中学毕业生升入高中，会不会造成高中资源的浪费？后部的学生就算升入了普通高中，能否在现在的条件下找到更好的出路？

反方：我们要看的是就业的质量而不是数量。扩大普通高中的招生也是社会的呼声。家长都希望孩子升入普通高中，进而上大学，有更好的就业。现状就是中职教育中存在较为明显的问题。

正方：实际上，虽然我们想要给适合学技术的人提供机会，但更现实的问题是，我们国家就是需要那么多人去上职高。

反方：你方既然提到了实际的情况，我们就来说说实际。中职和职高的教育实际上就是存在问题，大部分进入职高的学生确实是混日子，产业结构里需要的那种高级的技术工人，我们的职业教育是很难培养出来的。之前就有新闻报道某中职学校刚开学就倒闭，还有职高的校园霸凌事件。媒体也曾报道过中职和职高老师纷纷反馈学生上课完全不学习，教师不能进行正常教学。

正方：中职和职高学生不学习，那让他们升入高中他们就会学习了吗？这并不是个二元对立的问题，不是说职高学生就不学习，普高学生就爱学习。我们身边也有很多不学习的同学，职业技能大赛也有职高学生代表国家获奖。个人学习能力不是环境决定的。如果职业教育有问题，那我们的政策就会去调整职业教育，让它更完善，更能培养出我们需要的人才，而不是说，职业教育有问题，就不让人去上了，直接让人都拥到普高里去。普通高中的教育就不存在问题吗？那又该怎么办呢？你方已经偏离问题。你们一直在提要扩大普高招生,这个扩大招生的意义到底是什么呢?是为了解决中职和职高的教育问题吗?

反方:扩大普高招生,是为了实现教育公平。有的学生,平时成绩可能在50%上下徘徊,他们不能算是"后部"的学生吧?但这些学生中考也许发挥失常了呢?而且现在(北京)中考题目呈现出越来越简单的趋势,一个运气不好,这批学生就可能去中职,这是减少了他们的机会。

正方:我们刚才已经讨论过了,中考失利的同学即便到了职高也可以考大学,我们的政策其实一直在完善,给每个人提供最大限度的可能性。如果只是为了这一小部分学生就对政策做很大的改动,比如说让70%的初中毕业生都升入高中,那是不是对徘徊在70%左右的学生又不公平了呢?这不是一个公平问题,不管这个普职比是多少,总有一些处在中间段的学生,永远有在边缘徘徊的人,但规则不能无限放宽。再者,处在普高和中职边缘的学生升入高中,能不能适应高中的学习?首先,这些学生无法进入很好的高中,况且高考也是有淘汰率的啊,升到普高,到高考再考去高职,那不如直接去中职。其次,你们刚才说,家长都希望孩子进入高中和大学而不是中职和职高,这是一种对职业教育的歧视,家长们觉得孩子进入高中和大学才能更有社会地位。但是你想想,中职为什么会被设置,是因为社会真的需要有人去学技术。你可以去问问你的家长,在工作的时候运用到了多少大学知识呢?非常少吧,这已经是一个社会共识了。为什么不去职业学校,学一些可以实际用到的技术呢?

反方:我们不能因为大学的知识在工作中用不到,就转去学技术吧？而且大学知识能不能运用到工作中是另外一个问题了，首先是你对大学的认识问题，大学本来就是研究学术的地方，不是技能培训所，你有学术追求才要去大学。

正方：感谢对方辩友论证了我方观点，这正是我们的想法，正因如此所以没必要那么多人去上大学啊！

反方：（被气笑）我想要反驳的是你刚才以大学知识对工作用处不大来说明大学没有必要上的观点。现在我来反驳你的另一个观点。为什么初中的考试成绩可以决定高考成绩呢？初中和高中的学习难度不一样，高中更偏重理论和模型的建构，而初中更注重观察生活中的现象，得出相应的结论，差异还是很大的。初中成绩没有那么突出并不意味着高中成绩也会不理想，用大学的专业去和中职、职高的专业相比，就相差了普高的一些师资力量和知识配备。很明显是一个绝对的差距。这是普通高中相对于中职和职高的一个优先级。

正方：按照这个逻辑，那么就不应该在中考时进行分流，因为初中成绩不决定高中成绩。我们希望尽早地分散赛道，让每个人到自己擅长和适合的赛道上去，而你们是在无限拉长这个赛道。现实的情况就是，我们的产业结构并不需要那么多大学生、研究生去进行高科技的工作。现在有很多硕博出来找不到工作，新闻里不是经常提到"脱不下的长衫"吗？对方刚才提到的，企业偏好高学历的人才，会不会是因为你只着眼于那些高新技术产业呢？

反方：着眼于高新技术产业是未来的一个方向。职业教育下的学生，确实在一些基础岗位更有竞争力，但我们还需要考虑一个问题，在职业学校学到的技能，将越来越被机械和人工智能取代，长远来看，你的职业价值将会消失殆尽。

正方：话不能这么说。一方面，大学毕业也不是就靠大学学的那点知识就能一辈子高枕无忧，你也需要在工作中不断学习和精进，提升自己的能力。程序员要不断学习新的编程方式，老师要有新的教学方式，同样，技术工人要想进步，也需要在工作中不断学习新技能。学习是一个终身的事，不是在你毕业之后就停滞了。另一方面，人工智能给我们带来的是一个非常不确定的未来。假如人工智能被大面积应用，那就不是技术工人职业价值消失的问题了，现在人工智能的研究越来越高精尖，能写文章、作画、讲课、做科研……研究生都用人工智能写论文。你觉得它取代的仅仅是技术工人吗？

反方：不管在什么情况下，体力劳动者肯定比脑力劳动者更容易被替代。

正方：请对方辩友注意，中职和职高学的不是体力劳动，而是在学技术。换句话说，很多需要进入大学学习的工种也具有极高的可替代性，比如程序员。大学肯定是比职高学的知识多，这个不可否认，但现状是过度教育。教育不是没有成本，学了很多知识用在哪呢？今年有一则新闻是，刚毕业不久的"00后"本科生，投了几百份简历都石沉大海，想在公司做文员、在工厂做普工都没人要，他一气之下把学历改成高中，反而有很多工作要他去面试，而实际上做酒店前台和公司文员的工资也差不多。

你方刚才还提到，家长肯定都希望孩子上大学。在家长上学的年代，我们的国民教育水平确实很低，别说九年义务教育，很多地方还在"普五"的阶段。但是现在情况不同了,整个社会环境都是很重视教育的,九年义务教育之后,如果你想升学,就可以升入普高或职高。家长们根据自己的经验提供的思路是滞后于这个时代的。

反方:中考有提高你高考起跑线的一个功能,如果我中考考得好,我能享受更好的学习资源。你说有很多赛道,但这么多赛道只存在于理论上。现实的问题在于,如果一个人的中考成绩够上普高,她肯定是不会选择职高的。

与此同时,职普分流在每个城市、地区的情况差异是非常大的,比如在北京和在云南。我们在海淀的学生从小的教育投入,和云南偏远地区的教育投入肯定是不同的,北京的基础教育为什么越来越卷?就是因为这个普职比的设置。你说这是不是教育不公平?确实不公平,但它是事实,我们必须要面对它。不公平要解决不公平的问题,但你不能直接画一条线,全国不管哪里,都用这同一条线。

反方结辩

整场辩论正方辩友一直强调产业结构需要更多中职和职高学生,然而目前的职业教育不足以培养与产业结构相匹配的高级技术人员,在这一需要调节产业结构同时也需要解决职业教育问题的过渡期,不进行一刀切式普职比划分是对身处内卷中的学生最大的温柔。(笑)

不可否认的是,更多学生升入中职和职高,会降低社会整体的文化水平,也会阻断这批学生的就业道路。我们的政策应该更多考虑人民的期待。硬性的调配加剧了社会内卷，看似提供多条赛道，实际我们的观念还未到达这一阶段，真正的赛道也只有中高考一条，何必掩耳盗铃呢？承认我们社会的发展阶段与民众认知水平的不匹配，面对问题，才能更好地解决问题。

我方坚持认为，普职比大体相当是不适宜现阶段推广的，需要提高普通高中的入学率。

正方结辩

对方辩友在辩论中提出教育公平问题，认为普职比例相当这一设置阻塞了一部分人的上升路径。这个问题的核心并不在于教育资源的紧张，而在于人们期望一个更高的学历而不考虑更现实的未来就业和发展。一名技术工人的薪资显然高于一个普通大学毕业的公司文员，蓝领和白领的分野已经与三十年前不同，如果我们的思路仍然滞后，便不能适应时代的发展。

对方也提到了全国各地情况不同的问题。北京的教育投入和欠发达地区的教育投入不同，并不能说明这两地区学生的学习能力有什么差异。普职比是省内的比例而非全国统一计算的比例，这就是一种教育公平啊！

我们要再次重申我方观点。不是每个人都适合钻研学术，让适合职业技术教育的学生到更适合他们发展的环境中，更能发挥他们对社会的作用和价值。更重要的是，应该以整体的社会需求作为职业教育发展的标准。不仅我国，其他国家也一样，需要更多蓝领。职业教育和普通高中教育不是谁更高级的问题，职业教育毕业有更高的就业率，那么多人去读了大学，浪费了更多的国家资源，最终反而无法找到工作，或者无法找到与自己的知识水平相匹配的工作，催生了各种社会热点问题，比如"文科都是服务业，服务业就是'舔'"。在这种情况下，技术学校的知行合一适合更多职业。这是个人和社会双赢的选择。

关于对方所说，人工智能取代技术工人的问题。如果人工智能威胁到人类的职业发展，那这个困境应该是所有人都要面对的，而不只是靠升高或者降低普职比就能解决这个问题。

综合看两方的观点交锋，也许你已经发现，政策性辩论会围绕几个核心问题展开，而这些可以为我们做决策提供一个普遍的分析路径：

（1）需求：我们是否有实行此政策的需求？

（2）解决力：此政策是为了解决什么问题？此政策是否能从根本上解决这一问题？

（3）损益比：实行此政策是否有可能在解决一些问题的同时产生更严重的问题？

（4）阻碍分析的因素：思维定势。从海豚中学的同学们辩论的过程中，我们可以看出另一个问题。在一线城市重点中学的同学们的认知中，学生肯定是要读大学的，所以在辩论过程中，问题不断地被引向"中职学生如何考大学"。而当我们讨论一个大背景为"我国"的问题时，就需要考虑到各方面的情况。我国太大了，各个地区的城市与农村情况非常不同，在自由辩论快要结束的时候，同学们终于想起了分情况讨论的问题，遗憾的是这个问题讨论得不是很充分。这反映了我们的一个思维定势，站在和我们出身、阶层、性别、利益等不同的人的立场看待问题是困难的，更难的是站在一个更高的视角统筹地思考问题。不过，海豚中学的同学们已经做得很好了，大家可以从整体的社会需求、教育公平等角度思考问题，也考虑到了人工智能对人的就业冲击等前沿问题。多角度思考，我们仍然需要不断地去练习。

不要忘记去填写本节开始的练习哦！

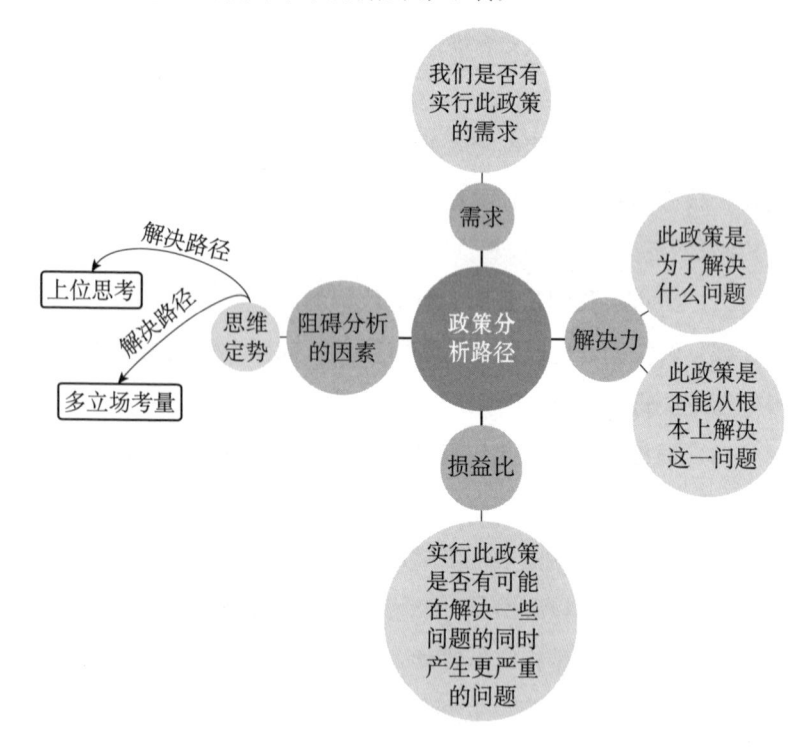

政策分析路径：
- 需求：我们是否有实行此政策的需求
- 解决力：此政策是为了解决什么问题；此政策是否能从根本上解决这一问题
- 损益比：实行此政策是否有可能在解决一些问题的同时产生更严重的问题
- 阻碍分析的因素：思维定势
- 解决路径：上位思考、多立场考量

2. 回应可能的反对意见

有时，你需要写一篇完整的回应文章，去回应反对意见。但更多时候，你需要去回应"可能的反对意见"，也就是说，写作一篇说理性质的文章,你最好先想好可能遇到何种反驳,并在文中回应它们。

咦?我把自己的观点阐释清楚就好了,为什么还要在文中费事儿回应和我相左的观点?

考虑以下这些理由:

● 表示你已经事先考虑到了各方情况与观点,为此论点做了充足的准备工作。

● 同时立论与反驳会使你的论证看上去更全面,也更容易说服别人。甚至可以说,论证一个观点最好的方式就是找到它的对立面,从而再次验证你自己的观点,它能让你的论点更有说服力。

● 在别人提出反驳之前就率先回应,使人无话可说(这可能有点夸张,但起码让人感觉你已经想好如何反驳了)。

如果说,以上三条都是比较功利地说明了这样做在说服对方上的好处,那么最后一条就是很实在的也是最根本的对你自己思维能力的提升,因为:

● 你自己在这个过程中需要收集各方观点和证据,并绞尽脑汁进行回应,这样会使你的思维变得更加灵活和清晰。

还记得我在开头提到过的"写作是对阅读的期待"吗?写文章就像你跟想象中未来的读者辩论,这些读者不断提问,你不断去回答。在这个过程中,你表达了自我,也与读者进行了交流。我们来看一篇以回应反对观点为主的文章,增强一下你的感受。这是著名建筑学家梁思成先生在 1950 年新中国成立之初所写的关于北京城墙是否保留问题的讨论,今天我们回头看这篇文章,可能仍觉得它有现实意义。

北京的城墙应该留着吗

梁思成

北京成为新中国的新首都了。新首都的都市计划即将开始,古老的城墙应该如何处理,很自然地成了许多人所关心的问题。处理的途径不外拆除和保存两种。城墙的存废在现代的北京都市计划里,在市容上,在交通上,在城市的发展上,会发生什么影响,确是一个重要的问题,应该慎重地研讨,得到正确的了解,然后才能在原则上得到正确的结论。

有些人主张拆除城墙,理由是:城墙是古代防御的工事,现在已失去了功用,它已尽了它的历史任务了;城墙是封建帝王的遗迹;城墙阻碍交通,限制或阻碍城市的发展;拆了城墙可以取得许多砖,可以取得地皮,利用为公路。简单地说,意思是:留之无用,且有弊害,拆之不但不可惜,且有薄利可图。

但是,从不主张拆除城墙的人的论点上说,这种看法是有偏见的,片面的,狭隘的,也缺乏实际的计算的;由全面城市计划的观点看来,都是知其一不知其二的,见树不见林的。

他说:城墙并不阻碍城市的发展,而且把它保留着与发展北京为现代城市不但没有抵触,而且有利。如果发展它的现代作用,它的存在会丰富北京城人民大众的生活,将久远地为我们可贵的环境。

先说它的有利的现代作用。自从18、19世纪以来,欧美的大都市因为工商业无计划、无秩序、无限制的发展,城市本身也跟着演成了野草蔓延式的滋长状态。工业、商业、住宅起先便都混杂在市中心，到市中心积渐地密集起来时，住宅区便向四郊展开。因此工商业随着又向外移。到了四郊又渐形密集时，居民则又向外展移，工商业又追踪而去。结果，市区被密集的建筑物重重包围。在伦敦、纽约等市中心区居住的人，要坐三刻钟乃至一小时以上的地道车才能达到郊野。市内之枯燥嘈杂，既不适于居住，也渐不适于工作，游息的空地都被密集的建筑物和街市所侵占，人民无处游息，各种行动都忍受交通的拥挤和困难。所以现代的都市计划，为市民身心两方面的健康，为解除无限制蔓延的密集，便设法采取了将城市划分为若干较小的区域的办法。小区域之间要用一个园林地带来隔离。这种分区法的目的在使居民能在本区内有工作的方便，每日经常和必要的行动距离合理化，交通方便及安全化；同时使居民很容易接触附近郊野田园之乐，在大自然里休息；而对于行政管理方面，也易于掌握。北京在二十年后，人口可能增加到四百万人以上，分区方法是必须采用的。靠近城墙内外的区域，这城墙正可负起它新的任务。利用它为这种现代的区间的隔离物是很方便的。

....

但是主张拆除的人强调着说：这城墙是封建社会统治者保卫他们的势力的遗迹呀，我们这时代既已用不着，理应拆除它的了。

回答是：这是偏差幼稚的看法。故宫不是帝王的宫殿吗？它今天是人民的博物院。天安门不是皇宫的大门吗？中华人民共和国的诞生就是在天安门上由毛主席昭告全世界的。我们不要忘记，这一切建筑体形的遗物都是古代多少劳动人民创造出来的杰作，虽然曾经为帝王服务，被统治者所专有，今天已属于人民大众，是我们大家的民族纪念文物了。

同样的，北京的城墙也正是几十万劳动人民辛苦事迹所遗留下的纪念物。历史的条件产生了它，它在各时代中形成并执行了任务，它是我们人民所承继来的北京发展史在体形上的遗产。它那凸字形特殊形式的平面就是北京变迁发展史的一部分说明，各时代人民辛勤创造的史实，反映着北京的成长和文化上的进展。我们要记着，从前历史上易朝换代是一个统治者代替了另一个统治者，但一切主要的生产技术及文明的、艺术的创造，却总是从人民手中出来的；为生活便利和安心工作的城市工程也不是例外。

....

这样辩论斗争的结果，双方的意见是不应该不趋向一致的。事实上，凡是参加过这样辩论的，结论便是认为城墙的确不但不应拆除，且应保护整理，与护城河一起作为一个整体的计划，善予利用，使它成为将来北京市都市计划中的有利的，仍为现代所重用的一座纪念性的古代工程。这样由它的物质的特殊和珍贵，形体的朴实雄壮，反映到我们的感觉上来，它会丰富我们对北京的喜爱，增强我们民族精神的饱满。①

文章在开头就表明了写作本文的意义，即探讨这个问题的重

---

① 梁思成．大拙至美：梁思成最美的文字建筑．北京：中国青年出版社，2007：172-177．原题为《关于北京城墙存废问题的讨论》，载于1950年7月出版的《新建设》第2卷第6期。

要性和紧迫性。之后开始分别对主张拆除人的观点进行回应。

在这篇文章中也可以看到，写作其实没有特别多的"套路"——除了逻辑的"套路"，梁思成这篇文章的写作方式是很活泼的，好像在记录一篇对话一样，一问一答，在这个过程中有效地回应了反对观点。

二、有些话听起来有点毛病，又不知道问题出在哪

1. 认识逻辑谬误

你肯定已经在之前的阅读中发现，每一章都会涉及一些逻辑谬误，也就是较差的论证。逻辑谬误十分普遍，在本节中，我们将从理论的角度去剖析它们。你也许会觉得它们如此荒谬，但它们久已存在，我们每天差不多都能遇上几个。学习逻辑谬误的目的不只在于能够分辨出这些错误，或是掌握反驳别人错误逻辑的武器，更在于只有在我们了解这些谬误违反了哪些标准后，我们才能做出一个好的论证。

再者，并不是所有的逻辑谬误都被取了名字，这里也只列出了一些常见的谬误。也就是说，当你做一个论证或评价一个论证时，即使你发现自己没有犯任何本节提到的逻辑谬误，也没法说你的论证就是完全合逻辑的（这确实是很遗憾的）。不过，当你在这些逻辑谬误中摸索出了一些逻辑规则时，你在做出判断的时候会更得心应手，更不易受到假论证的蒙蔽。

同时，你也**不必过于在意这些谬误的名字**，把它们都背下来并没什么可炫耀的，而即便你一个都记不住也没什么关系，因为名称只是帮你辨识谬误的一个辅助工具，关键还是借助这个工具

去更好地理解一个好论证的标准。

我们已经知道,考察论证是否有效的标准包括:

- 相关性:理由与主张的相关性强。
- 充分性:理由充分到足以支持主张。
- 可接受性:证据对理性读者来说是可接受的。

谬误则包含几个方面:

- 形式谬误:涉及论证结构的问题。
- 非形式谬误:理由与主张不相关、不充分、不可接受。

你可以借助下图回忆我们之前提到过的每一种逻辑谬误,同时我也会介绍一些新的谬误。

请找到《说理写作实用手册》逻辑谬误的部分。思维导图包含总体分类图、每种逻辑谬误的概念,请你在每幅思维导图的下一页找到与各概念相匹配的例句,剪下来填入思维导图相应的方框内。

注意:

- 不是所有的论证错误都有名称。
- 逻辑谬误绝不是怼人的武器。

2. 反驳逻辑谬误

反驳逻辑谬误有多种方式,关键是让对方和大家能发现其中的逻辑问题。例如,这是一个我们很熟悉的论断:

> 苍蝇不叮无缝的蛋,穿得那么暴露,不怪别人骚扰你。

> 三石的反驳:用苍蝇和蛋来类比犯罪分子和普通人,这

有失妥当吧。

  小星的反驳：你知道有一个艺术家专门收集了女性被强奸时穿的衣服吗？甚至有人当时穿的是羽绒服。

  小花的反驳：按照这个逻辑，我打你一拳，一定是你的问题咯？

  光头的反驳：故意往没缝的蛋上抹狗屎，苍蝇也会来叮吧？

这些反驳可以分为几类：

（1）直接指出这一谬误的逻辑问题进行反驳。

（2）举出不符合这一逻辑的事实进行反驳。

（3）按照它本身荒谬的逻辑再造一个更荒谬的句子，揭穿这一逻辑的荒谬性。

最后一种"以杠制杠"的反驳方式看起来很离谱，这是因为逻辑谬误的思路本身就很离谱，所以你按照它的逻辑去推演，就会出现反常识的论断，比如：

  做了这个题我考试就能满分吗？做题根本没啥用。

  反驳：如果没有"二战"，世界就会比现在更好吗？所以"二战"还是很有必要的。

  你不参与学校改革，就是跟那些应试教育保守派同流合污。

  反驳：他没入共和党，就是支持民主党咯。

  别的学校国际部课程都给分很好，咱们学校怎么能给分这么严呢，太过分了！

反驳：既然别的学校干啥咱们也得干啥，那别的学校都不能叫外卖，咱们也禁了吧。

×××那么有钱，他怎么不多捐点出来扶贫呢？捐几个亿对他来说根本不算什么，剩下的不够他花吗？

反驳：咱们身体这么好，也都有两个肾，为啥没捐一个出来呢？对健康也没大影响，一个肾就很够用了。

咱们学校绩点低的人都上过"说理写作"课，被警告处分的人也上过这个课，"说理写作"太危险了，上了会变得不幸。

反驳：咱们学校绩点低的人都喝过水，水可真是太危险了，喝了就会挂科呢。

对于逻辑谬误，我们必须在实践中对其进行辨别和反驳。所以让我们直接来进入练习部分。

练 习

下面是小米校长在家长会上的演讲。请拿出一些五颜六色的笔，圈出小米校长在演讲中出现了哪些逻辑谬误，还可以在任何地方写出你读到这段话时的心情。

今天的家长会上，我想主要讲一个问题，这可能也是很多家长的困惑：现在的孩子到底怎么了？我们怎么就管不住孩子了呢？

首先，我不得不说，我们其实没有认真地思考教育的目的到底是什么。

现在社会上有各种纷繁复杂的"教育理论"，什么应试教育啦，素质教育啦，未来教育啦，完全是一帮不懂装懂的人在掉书袋！学几句教育术语，就乱提理论。要我说：能升学才有未来，会考试才有素质！

说什么要从应试教育过渡到素质教育，我就是应试教育教育出来的学生，在座的各位家长肯定也是，我们哪里没有素质了？往小了说，我们不随地吐痰、不横穿马路；往大了说，我们不酒驾、不杀人放火。应试教育怎么就教不出有素质的学生了？

家长们说，现在的孩子不好管了，不是没有原因的。我们的孩子这一代是历史上从未有过的特殊一代。我们以前的教育制度和方法，哪有一种是适合现在孩子的？现在这一代，一是他们的选择太多了。我们以前都是大学毕业分配工作，到哪个单位都是扎根干一辈子的；现在的年轻人倒好，工作没几天不高兴就辞职了，反正可以找新的。念书的时候反抗老师，工作之后跟领导对着干，心一点也沉不下来。二是现在的孩子大多是独生子女，以前哪有一个班所有的学生家里都只有一个孩子的？都娇气得不得了，心理脆弱得很，互相不谦让不说，老师批评一句就受不了，甚至有的还顶撞老师。看看我们自古以来的教育，什么时候不是有惩罚的？以前的老师骂学生、打学生，家长都是到学校去谢谢老师，感谢老师严格管教了自己的孩子，可也没见哪个学生去寻死觅活，这样的教育怎么了，我们历史上不是也出了很多伟人吗？

为什么我们现在对孩子就没办法了？学生你是碰也不能碰的，从学生手里抢一本书来没收就要被投诉，说你侵犯他人身安全——这哪是师生平等，老师根本一点权利也没有，全是在为学生服务的。你是想用所谓的素质教育培养出一群没有心理承受能力、负不起责任的"小祖宗"，还是要用我们原来的方式教育出对社会有用的接班人？我看现在的什么素质教育，才真的会教出最没素质的一代人：没有礼貌、没有尊重、没有担当。以前的教育有什么不好？我们的国家这些年发生了翻天覆地的变化，都是这些人努力实现的，说以前的方法落后了、不行了，我不信。

有人说，我们的教育体系不公平，我不知道这种人想要的公平是什么。人的天资禀赋就是有差异的，为什么要人人都一样？那岂不是都去上清华、北大了？我们以前有尖子班，有人批评这种班不好，应该让每个学生接受一样的教育。我不认同这种说法，每个人应该去做适合自己能力水平的事情，能力强的就应该得到更丰富、更深入的特殊培养。那些叫着要取消尖子班的人，说白了就是嫉妒，自己的孩子进不去，也不让人家的孩子去。现在好了，尖子班没有了，尖子们都去课外班补课去了！还不是一样。课外班的老师，能有咱们学校的老师负责吗？先取消了尖子班，在学校的竞争小了，上学的时候如此，到了社会上以后，竞争意识也不会强，要是每个学校都如此，整个国家、整个民族都没有竞争意识，怎么能在世界之林立足？那国家、民族不都要完了？要是有帝国主义来侵略，我们准保打不过了——干脆就不要应战了，因为不知竞争为何物。

所以，我最想跟各位家长分享的是，不要听信那些吹得天花乱坠的教育理论，没有什么比学习好更重要，尊重要建立在相互尊重的基础上，光提父母老师要尊重孩子，那就是在对孩子妥协让步，那就是溺爱！要坚持用自己的方式教育孩子，不仅要表扬，也要惩罚，要让孩子认识到自己的错误，这样才能进步。

谢谢大家！

三石的练习本

> 实际上，校长直到演讲结束也没有提出他认为的"教育的目的"到底是什么。

今天的家长会上，我想主要讲一个问题，这可能也是很多家长的困惑：现在的孩子到底怎么了？我们怎么就管不住孩子了呢？

首先，我不得不说，我们其实没有认真地思考教育的目的到底是什么。

> 有问题的前提。"能升学才有未来，会考试才有素质"这句话的科学性非常值得质疑，而且校长也没有给出什么解释。

现在社会上有各种纷繁复杂的"教育理论"，什么应试教育啦，素质教育啦，未来教育啦，完全是一帮不懂装懂的人在掉书袋！学几句教育术语，就乱提理论。要我说：能升学才有未来，会考试才有素质！

说什么要从应试教育过渡到素质教育，我就是应试教育教育出来的学生，在座的各位家长肯定也是，我们哪里没有素质了？往小了说，我们不随地吐痰、不横穿马路；往大了说，我们不酒驾、不杀人放火。应试教育怎么就教不出有素质的学生了？

家长们说，现在的孩子不好管了，不是没有原因的。我们的孩子这一代是历史上从未有过的特殊一代。我们以前的教育制度和方法，哪有一种是适合现在孩子的？现在这一代，一是他们的选择太多了。我们以前都是大学毕业分配工作，到哪个单位都是扎根干一辈子的；现在的年轻人倒好，工作没几天不高兴就辞职了，反正可以找新的。念书的时候反抗老师，工作之后跟领导对着干，心一点也沉不下来。二是现在的孩子大多是独生子女，以前哪有一个班所有的学生家里都只有一个孩子的？都娇气得不得了，心理脆弱得很，互相不谦让不说，老师批评一句就受不了，甚至有的还顶撞老师。看看我们自古以来的教育，什么时候不是有惩罚的？以前的老师骂学生、打学生，家长都是到学校去谢谢老师，感谢老师严格管教了自己的孩子，可也没见哪个学生去寻死觅活，这样的教育怎么了，我们历史上不是也出了很多伟人吗？

> 轻率归纳："我"和家长的情况不能说明所有人的情况。
>
> 偷换概念：利用了"素质"这个词。"素质教育"中的"素质"内涵更广，包括培养主动学习能力、注重潜能开发等，与"不随地吐痰、不横穿马路"所体现出的公民基本素质不是完全等同的概念。
>
> 稻草人谬误：谁说过"应试教育＝没素质"吗？

> 乱赋因果：因为现在的孩子是独生子女，都很娇气，所以以前的教育方法不适合他/她们。
>
> 不相关标准：因为历史上出了很多伟人，所以以前的教育方法好。任何历史时期都不缺乏伟人，现在的时代也一样，但这又能说明什么呢？能说明所有的教育方式都没问题吗？

为什么我们现在对孩子就没办法了？学生你是碰也不能碰的，从学生手里抢一本书来没收就要被投诉，说你侵犯他人身安全——这哪是师生平等，老师根本一点权利也没有，全是在为学生服务的。你是想用所谓的素质教育培养出一群没有心理承受能力、负不起责任的"小祖宗"，还是要用我们原来的方式教育出对社会有用的接班人？我看现在的什么素质教育，才真的会教出最没素质的一代人：没有礼貌、没有尊重、没有担当。以前的教育有什么不好？我们的国家这些年发生了翻天覆地的变化，都是这些人努力实现的，说以前的方法落后了、不行了，我不信。

> **虚假两难**：只给了你"用素质教育培养出'小祖宗'"和"用应试教育培养出接班人"两个选项。谁会想要养个"小祖宗"呢？只好选择后者。
>
> 其中还有一个前后矛盾的问题：上一段说，以前所有的教育方法都不适合现在的孩子了，这段又说，还是以前的方法好，说这方法不行了我不信。

有人说，我们的教育体系不公平，我不知道这种人想要的公平是什么。人的天资禀赋就是有差异的，为什么要人人都一样？那岂不是都去上清华、北大了？

我们以前有尖子班，有人批评这种班不好，应该让每个学生接受一样的教育。我不认同这种说法，每个人应该去做适合自己能力水平的事情，能力强的就应该得到更丰富、更深入的特殊培养。那些叫着要取消尖子班的人，说白了就是嫉妒，自己的孩子进不去，也不让人家的孩子去。现在好了，尖子班没有了，尖子们都去课外班补课去了！还不是一样。课外班的老师，能有咱们学校的老师负责吗？先取消了尖

> **偷换概念**："公平"的概念是获得均等的机会，而不是平均主义，不是人人都要一样，更不是人人都要上清华、北大。

子班，在学校的竞争小了，上学的时候如此，到了社会上以后，竞争意识也不会强，要是每个学校都如此，整个国家、整个民族都没有竞争意识，怎么能在世界之林立足？那国家、民族不都要完了？要是有帝国主义来侵略，我们准保打不过了——干脆就不要应战了，因为不知竞争为何物。

所以，我最想跟各位家长分享的是，不要听信那些吹得天花乱坠的教育理论，没有什么比学习好更重要，尊重要建立在相互尊重的基础上，光提父母老师要尊重孩子，那就是在对孩子妥协让步，那就是溺爱！要坚持用自己的方式教育孩子，不仅要表扬，也要惩罚，要让孩子认识到自己的错误，这样才能进步。

> 诉诸人身：恶意揣测要求取消尖子班的人都是因为"嫉妒"，而并没有什么依据。
>
> 滑坡谬误：由学校取消一个尖子班，推出了国家、民族都没有竞争意识，最终打不过帝国主义的结论。

谢谢大家！

👉 给教师的课堂活动小贴士

政策性辩论

操作指南：针对一个具体的（最好是学校的、与学生切身利益相关的）政策/规定/措施进行辩论。

注意：一定要抽签决定正反方，不要让学生自己选择站在哪一方。因为辩论的目的是让学生能广泛地、多角度地思考问题，突破认知局限。如果自己选择立场，就只是在搜罗证据去证明自己的初始想法，不断强化刻板印象。

1. 标准辩论流程

流程		说明
正方一辩立论，3分钟	反方四辩质询，90秒	双方四辩各针对对方一辩的立论进行质询
反方一辩立论，3分钟	正方四辩质询，90秒	
双方二辩对辩，各90秒	双方三辩对辩，各90秒	二辩、三辩对辩及自由辩论时，双方必须轮流发言，一方发言结束后即开始计算另一方时间。
双方攻辩小结，各90秒	自由辩论，各4分钟	
反方四辩结辩，3分钟	正方四辩结辩，3分钟	

可根据课堂时间去掉攻辩小结环节或压缩对辩环节时间。

2. 辩手准备清单

一辩

辩题	
立论	表明观点：_____。 关键概念定义：_____。 评判该辩题的标准：_____。 论点一：_____。 论据 & 论证过程：_____。 论点二：_____。 论据 & 论证过程：_____。 重申观点：_____。

	质询1	质询2	质询3
可能被质询的观点			
你的回应			

二辩 & 三辩

	一轮攻辩	二轮攻辩	三轮攻辩
提问			
追问（包含例子）			
观点归纳			

	问题 1	问题 2	问题 3
对方可能的提问			
你的回应			
你的反问			

四辩

质询	论点 1	论点 2	论点 3
对方可能的论点			
问题			
追问			

找到至少三个对己方有利的事实	找到至少三个对己方不利的事实

第五章

不仅要说理，
还要让人读得下去

第五章　不仅要说理,还要让人读得下去

至此,我们已经经历了澄清问题、分析问题和得出结论的全过程,还有整整一章的内容用来做什么呢?这恰恰是写作最需要重视的部分——你写的文章,如何能让读者读得下去、想读下去?

首先需要声明,在这里你不会看到"好词好句",也不会学习怎么变得更有"文采"。在过去的很长一段时间里,我们过分重视"文采"而忽视行文逻辑,文中常常堆叠着好词句但没人知道为什么要使用它们,这些词句似乎只是让文章看起来"更漂亮"了。

本章将从三个方面来说明:

语言。

结构。

标题、开头、结尾的写法。

一、好好说话，别绕圈子

遵循这条简单的原则并不能为你的文章"增色"，因为它实在是太基础的写作要求了。可能你有时为了显示自己的"博学"，有时想标新立异，一定要绕来绕去写别人看不懂的文章。你可能要说，你看王小波写文章就常常在其中暗含巨大讽刺，鲁迅也是经常说反话……我干吗要都说得那么明白？在这里，我要友好地提示大家，初学者最好从把意思表达清楚开始，不要太绕圈子。不仅是初学者，成熟的作者也一样，能把复杂的问题用简单的语言表达清楚是写作水平的体现。况且，你的预期读者群体越广泛，你越需要使用更清楚且易懂的语言来写作。

以下有几条简单的原则，可以帮助你使语言更精练：

● 能用一句话说清楚的绝不要用两句。

● 不要出现说了等于没说或让意思更不清晰的词。

● 每个分句最好不要使用超过两个"的"。

● 除非为了强调，否则不要使用双重否定句，更不要使用多重否定句。

● 避免使用华丽辞藻和长难句。

● 避免情绪化语言、抒情语言。

我们先来看小渔写的一段话：

当我们知道了一个人真的做出了一些不可描述的使我们厌恶的事情并且我们已经确定那是真相之后，我们也要尽量避免使用语言暴力。

"真的做出了"和"确定那是真相"是重复的；"不可描述的"模糊不清，而且跟"使我们厌恶的"叠加在一起，又是两个"的"，读起来拗口，凭空增加阅读负担。而"一些"也是个不必要的词。可以这样修改：

即便一个人确实做出了令人厌恶的事，我们也要尽量避免对其使用语言暴力。

再如灰犀牛同学的这一段：

近几年，中国在教育界方面提出了要传承中华传统文化的方针，由此以后中高考便在语文的试题中不断地加入传统文化的内容及考点，许多考生也为此大量地背古诗，了解对联、脸谱、传统节日等，其目的都是让我们了解并传承传统文化。但是学生光凭考试的动力来了解传统文化，难道就是真正的文化传承吗？

这里的"界"和"方面"连在一起不妥，"传统文化"在一句里出现两次，而且后一句是基于前一句的后果，显得重复。另外，前面已经说了试题中不断加入相关考点，学生需要背古诗是结果，后面又说"其目的"，把前面的话又说了一遍，完全没有必要。不妨就改成：

近几年，中国教育界提出了要传承中华传统文化的方针。由此，中高考便在语文的试题中不断地加入相关内容及考点，学生为此需要大量背古诗，了解对联、脸谱、传统节日等。但是，学生单凭考试的动力来了解传统文化，这是真正的文化传承吗？

关于这部分，我不再赘述了，在文章写完之后，你可以使用以上几条原则来检查自己的文中是否出现了这些细微的问题，然后使它变得更容易让人亲近。

最后与大家分享一段话：

> 生动有力的文章要求简明扼要。一个句子不应有冗词，一个段落不应有赘句，犹如一幅画上不应有多余的线条、一台机器不应有不必要的零件一样。要求写作的人做到的，并非写短句，避免一切细节或只是提纲挈领地处理主题，而是使每一个字起到必要的作用。①

---

① 斯特伦克，怀特. 英文写作指南. 陈一鸣，译. 上海：上海译文出版社，1992：10.

二、合理布局

1. 将材料分类并建立关联

让我们先来做个游戏吧。你有 1 分钟的时间看下面的 12 个词,并想办法把它们都记住。

苹果 酸奶 香蕉 牛肉 鸡蛋 草莓 鸡肉 牛奶 番茄 蓝莓 菠萝 柠檬

1 分钟后在纸上写下这些词。

对于热身中看到的这些词,你是如何记住的呢?

盼盼:依靠超常记忆力。

小浣熊:记住第一个字,之后再串起来。

热带鱼:先分类再关联。

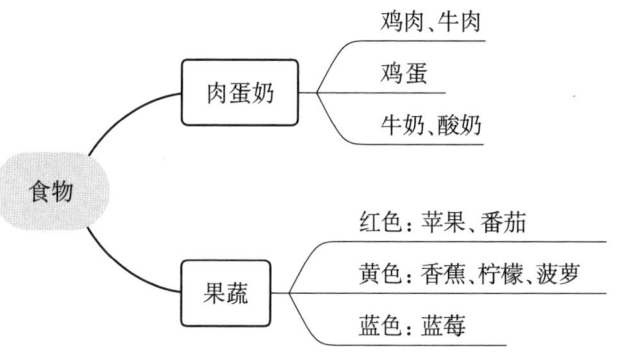

```
食物 ─┬─ 肉蛋奶 ─┬─ 鸡肉、牛肉
      │          ├─ 鸡蛋
      │          └─ 牛奶、酸奶
      │
      └─ 果蔬 ───┬─ 红色:苹果、番茄
                 ├─ 黄色:香蕉、柠檬、菠萝
                 └─ 蓝色:蓝莓
```

杠杠：作为一名吃货，我在脑中迅速做了几个菜。

番茄炖牛肉

柠檬鸡

蓝莓草莓酸奶

香蕉牛奶

苹果菠萝鸡蛋沙拉

光头：分类。

我昨天晚上刚吃过：牛肉、番茄、鸡蛋、酸奶

我不喜欢吃的：牛奶、蓝莓

红色的：草莓、苹果

黄色的：菠萝、柠檬、香蕉

鸡肉

  不难发现，盼盼和小浣熊采用了硬记的方法，而杠杠和热带鱼用了不同的分类法，不过，杠杠的方式恐怕只有少数热爱饮食的小伙伴可以效仿，热带鱼的方法则更具有普遍性。光头也尝试进行了分类，但是光头的方法有两个问题：一是红色、黄色和"我"昨天吃过、"我"不喜欢吃的并不属于一个分类体系，二是他的分类法没有包含所有的物品。

  人们可能不会意识到自己从很小的时候就开始给事物分类了。教育家约翰·霍特在《孩子是如何学习的》一书中提到，他观察一个不到两岁的孩子在农场里管羊、马、牛都叫作"奶牛"，她显然能发现牛、羊长得不一样，为什么还要这么称呼

它们？或者她以为所有动物都叫作"奶牛"？但她并不管室内的小猫小狗叫"奶牛"。于是，霍特推断，她将动物进行了分类，称所有的"野外大动物"为"奶牛"，而室内小动物不属于这个范畴。[①]

在写作中，对材料的分类也是你整理思路的过程。你的脑子里活跃着很多已有的材料；在写作的过程中，你也会不断查找新的材料。如何确保它们待在合适的位置？你需要将支持主张的理由进行合理的整理、排列和表述。

将材料进行分类之后，也需要将其进行排列，并构建关联。

让我们再来做一个实验，请看下面两列词语：

苹果　　　湖面

自行车　　铁轨

阳台　　　充电器

窗帘　　　奶油蛋糕

洗衣机　　铅笔

香菇菜包　练习册

拖鞋　　　电视

右边一列和左边一列是没什么关系的词语。现在请用横向一一对应的两个词迅速地想象一个场景，例如：

[①] 霍特. 孩子是如何学习的. 张雪兰, 译. 北京：北京联合出版公司, 2016：54.

杧果漂浮在湖面上。

在铁轨上骑自行车。

阳台上挂着充电器。

窗帘上沾着奶油蛋糕。

用铅笔在洗衣机上写字。

练习册上画着香菇菜包。

电视机里播放拖鞋的画面。

接下来,请盖住左边一列词语,只看右边一列词语,回忆你刚才构建的场景,说出左边的词。

怎么样?是不是很容易就能想起来?

当然,这绝不是说"任何事物和任何事物之间都有联系",这是很可怕的想法。这里只是想和你分享一个理念,当你将**与主张相关的**(这是重要前提!)一系列论据建立联系之后,读者会更容易记住它们。

我们在"好理由是论证的关键"部分使用了一个"海豚中学是个好学校"的例子,还记得吗?如果不记得了,快翻回去看看,就在那一章开头的部分。我们给出了三个理由,分别是:教学模式先进、校园文化活动多样、获得社会各界认可。

那么,如果我们给出的理由是校园文化独特多元、提倡书院风格个性化、学生自主管理——这样看起来好像也是三个相关性强又比较充分的理由,但遗憾的是,它们之间高度重合。书院风格也属于校园文化的一部分,学生自主管理,同时能够体现出校园文化独特和书院风格个性化。

另外，这几个理由的排列顺序如果是"校园文化活动多样—获得社会各界认可—教学模式先进"，就会显得有些混乱，因为你几乎说不出这个顺序的逻辑，这看起来是一些未经组织的想法的罗列。你可以想一下：读者最能接受的理由是什么？对一个学校，人们最关注它的什么？通常来讲是它的教学方式和水平，此时"教学模式先进"就可以作为一个比较强的理由被排在首位。而"获得社会各界认可"可以说是另外两个理由所产生的结果，我们将它放在最后来说，起到一种"锦上添花"的效果。

你可能在想，为什么不把"获得社会各界认可"放在最开始，可以列出一大堆奖状、荣誉作为支持的例证，似乎也很有说服力。不过，我个人建议你将比较关键且有实际意义的理由放在前面，这样看起来会更专业一些。你也可以试试不同的排列方式，看哪种更能表达你的思维过程。

让我们用一种更有趣的方式来呈现这个略微枯燥的整理工作。海豚中学的同学们观看了德国电影《浪潮》，这个电影根据真实事件改编，讲述了一位高中老师在以"极权政府"为主题的活动周中设计了一个实验，模拟建立一个名为"浪潮"的纳粹式组织，最终险些成功同时付出了惨痛代价的故事。同学们在观影之后非常震惊，难道如今纳粹式的极权统治仍有市场？大家决定对电影中的情节进行反思，并记录下来。首先，同学们提出了讨论话题：哪些要素使"浪潮"迅速扩张？以下是大家给出的回答：

(1) 决策效率高，执行力强。

(2) 民众有激情，不容易发生分裂、动乱。

(3) 给人以确定性和意义感。

(4) 团结。

(5) 能够迅速带来秩序。

(6) 一致对外，制造假想敌。

(7) 被接纳、被认可。

(8) 让人快速融入集体，感受到安全感和包容感。

(9) 排外。

(10) 无条件的支持、包容、关爱。

(11) 制造集体的力量感。

(12) 消除差异。

(13) 为组织做出贡献就能得到尊重。

(14) 给予了人所需的存在价值、爱和目标。

(15) 构造出一种平等的感觉，缩小自己的缺点。

(16) 拥有很强的精神控制力。

(17) 让人有存在感。

(18) 人可以无条件依赖于自己的集体，在集体中人们可以完成很多自己完不成的事，人们将自己寄托在集体中。

(19) 快速的对外扩张速度。

(20) 超强的纪律性。

(21) 重塑自我。

(22) 形成崇拜影响，思想明确。

当我们想要更有体系地阐释这个问题，你可以试图将以上想法进行分类，并归纳类别的名称。例如：

对个人价值的肯定	对集体价值的塑造	对秩序和纪律的推崇
(3) 给人以确定性和意义感。 (7) 被接纳、被认可。 (12) 消除差异。 (14) 给予了人所需的存在价值、爱和目标。 (15) 构造出一种平等的感觉，缩小自己的缺点。 (17) 让人有存在感。 (21) 重塑自我。	(2) 民众有激情，不容易发生分裂、动乱。 (4) 团结。 (6) 一致对外，制造假想敌。 (8) 让人快速融入集体，感受到安全感和包容感。 (9) 排外。 (10) 无条件的支持、包容、关爱。 (11) 制造集体的力量感。 (13) 为组织做出贡献就能得到尊重。 (18) 人可以无条件依赖于自己的集体，在集体中人们可以完成很多自己完不成的事，人们将自己寄托在集体中。	(1) 决策效率高，执行力强。 (5) 能够迅速带来秩序。 (16) 拥有很强的精神控制力。 (19) 快速的对外扩张速度。 (20) 超强的纪律性。 (22) 形成崇拜影响，思想明确。

接下来，每个类别的条目你仍然可以继续分类，并阐述它们之间的关系。例如：

对个人价值的肯定	对集体价值的塑造	对秩序和纪律的推崇
最终目的 (21) 重塑自我。 **方式** (3) 给人以确定性和意义感。 (12) 消除差异。 (14) 给予了人所需的存在价值、爱和目标。 (15) 构造出一种平等的感觉，缩小自己的缺点。 **效果** (7) 被接纳、被认可。 (17) 让人有存在感。	**最终目的** (4) 团结。 **方式** (6) 一致对外，制造假想敌。 (8) 让人快速融入集体，感受到安全感和包容感。 (9) 排外。 (10) 无条件的支持、包容、关爱。 (11) 制造集体的力量感。 (13) 为组织做出贡献就能得到尊重。 **效果** (2) 民众有激情，不容易发生分裂、动乱。 (18) 人可以无条件依赖于自己的集体，在集体中人们可以完成很多自己完不成的事，人们将自己寄托在集体中。	**最终目的** (16) 拥有很强的精神控制力。 **方式** (22) 形成崇拜影响，思想明确。 **效果** (1) 决策效率高，执行力强。 (5) 能够迅速带来秩序。 (19) 快速的对外扩张速度。 (20) 超强的纪律性。

整理之后，你也会发现，类别内的一些条目意思相近，可以合并，最终形成一个完整的论述。例如：

对个人价值的肯定	对集体价值的塑造	对秩序和纪律的推崇
在组织内部，通过消除差异来缩小个人的缺点，构造出一种内部平等的感觉，并给人以确定性和意义感，从而让人感到自己被接纳和认可，让人有存在感，最终达到重塑个体的目的。	通过无条件的包容使人能迅速融入集体。创造出一种集体的力量，当人为集体做出贡献时，就能得到尊重。并制造假想敌来使组织内部成员一致对外。在这一组织中，人无条件地依赖集体，并将自己寄托在集体中，非常团结。	使成员对领袖形成崇拜思想，这样组织的纪律性非常强，决策效率和执行效率都很高，并拥有很快的对外扩张速度，拥有很强的精神控制力。

将"分类—关联—排列"这一系列思维运用到一篇文章的布局中，将使文章具有更高的可读性和接受度。当然，你也可以尝试按照从表象或结果到核心因素的顺序，去看看效果怎样。不过，如果你呈现出的方式是"来历—动机—狭义的方法—根本假定—内容—结果"，读者就会觉得一头扎进了毛线圈当中，找不到个头绪。整理你的材料、斟酌理由的排列，会让你的文章看起来更清爽。

最后仍然要提醒你，有时候你会觉得自己读到了一则非常热门的新闻、一句非常厉害的名言、一个大家都想知道的事实，但如果它跟你的主张关系不大，那还是放弃吧。"相关"比"看起来很厉害"要重要得多。华丽辞藻的堆叠或许能给人短暂的视觉冲击，但稍微用心一看，就会找到破绽。

你当然还会关心：如果我的主张有几个理由去支持，如何将它们联系起来，而不是用呆板的"第一……第二……第三……"？接下来，你需要了解"疑问—回答"式的结构。

2. 创造 "疑问—回答" 式的结构

"说理就像讲故事"，这话听起来应该很奇怪，这两件事有什么关系呢？实际上，创意写作也好，说理写作也好，怎样才算写得好？首先都是得让人想往下读。王小波说过："所谓文学，在我看来就是：先把文章写好看了再说，别的就管他妈的。"[①] 这句话实在是话糙理不糙。

---

① 王小波. 沉默的大多数//王小波全集：第 1 卷. 北京：北京理工大学出版社，2009：11.

在创意写作中,我们很好理解这个概念:一个好故事,需要有悬念。但同样地,在说理写作中,我们也需要创造一些疑问和回答。芭芭拉·明托的《金字塔原理》提出了一种典型的"讲故事"呈现模式,即"背景—冲突—疑问—回答",这"能够使你确保在引导读者了解你的思维过程之前,你和读者是'站在同一位置上'",同时"保证你将思想的重点一定放在文章的最前面"。①

你可以想象,你的文章思路就像一条线,如何能保证读者跟你沿着同一条线在走呢?这需要花费一些时间来布局。你当然可以按照传统的"首先……其次……最后……"按部就班去写,但如果其中都是平铺直叙,它们可能让人昏昏欲睡。但你在写文章之前,并不能确定读者是否会对你写的问题感兴趣,这时我们就需要不断引起读者在阅读过程中的疑问,引发读者的思考。

我们来看看苏轼这篇《石钟山记》是如何通过一条线索,不断引起读者疑问,让读者带着疑问去探索,最终得出一个结论。

石钟山记

(宋)苏轼

《水经》云:"彭蠡之口有石钟山焉。"郦元以为下临深潭,微风鼓浪,水石相搏,声如洪钟。是说也,人常疑之。今以钟磬置水中,虽大风浪不能鸣也,而况石乎!至唐李渤始访其遗踪,得双石于潭上,扣而聆之,南声函胡,北音清越,枹止响腾,余

---

① 明托. 金字塔原理:思考、表达和解决问题的逻辑. 汪洱,高愉,译. 海口:南海出版公司,2013.

韵徐歇。自以为得之矣。然是说也，余尤疑之。石之铿然有声者，所在皆是也，而此独以"钟"名，何哉？

元丰七年六月丁丑，余自齐安舟行适临汝，而长子迈将赴饶之德兴尉，送之至湖口，因得观所谓石钟者。寺僧使小童持斧，于乱石间择其一二扣之，硿硿焉。余固笑而不信也。至暮夜月明，独与迈乘小舟，至绝壁下。大石侧立千尺，如猛兽奇鬼，森然欲搏人；而山上栖鹘，闻人声亦惊起，磔磔云霄间；又有若老人咳且笑于山谷中者，或曰此鹳鹤也。余方心动欲还，而大声发于水上，噌吰如钟鼓不绝。舟人大恐。徐而察之，则山下皆石穴罅，不知其浅深，微波入焉，涵澹澎湃而为此也。舟回至两山间，将入港口，有大石当中流，可坐百人，空中而多窍，与风水相吞吐，有窾坎镗鞳之声，与向之噌吰者相应，如乐作焉。因笑谓迈曰："汝识之乎？噌吰者，周景王之无射也；窾坎镗鞳者，魏庄子之歌钟也。古之人不余欺也！"

事不目见耳闻，而臆断其有无，可乎？郦元之所见闻，殆与余同，而言之不详；士大夫终不肯以小舟夜泊绝壁之下，故莫能知；而渔工水师虽知而不能言。此世所以不传也。而陋者乃以斧斤考击而求之，自以为得其实。余是以记之，盖叹郦元之简，而笑李渤之陋也。

让我们看看这篇小文是如何不断引起我们的兴致的。

背景：古书（古人）对石钟山的得名提出了两种说法。

冲突：郦道元的说法与常识不符，李渤的说法过于牵强，我很怀疑。

疑问：既然两种说法都被怀疑，那么石钟山到底为什么叫石钟山？

回答：我要亲自去探察一下。

制造疑问：寺僧让小童用斧子在乱石中选两块敲打，硿硿作响，我还是不信——那怎么办？

回答疑问：我决定晚上再坐船来勘察！

制造疑问：晚上的场景很阴森，我内心惊恐要回去，忽然听到巨大的响声——是什么？

回答疑问：慢慢观察，发现是水涌进山脚下的石头洞穴和裂缝，波浪激荡产生巨响——终于真相大白！

制造疑问：既如此，石钟山的命名原因为什么没人知道？

回答疑问：士大夫不肯月夜乘小舟去峭壁之下，因此不能知道真相。船工虽然知道，但又没法用文字记载。

结论：须亲身实证，忌主观臆断。

我们可以发现，有些疑问是作者直接以问句的形式在文中提出的。有些疑问是读到一处自会产生的。需要特别说明的是：

千万不要为了制造疑问而在文中使用很多问句！

那会使你的文章看起来像一篇"问答题集锦"。不要小瞧读者，有些疑问，只要你铺垫出来，读者自然会想到。

再来看看小渔同学写的一篇有趣的文章。

动物园不应该存在

提到动物园，相信大家都不陌生。它可能是很多人童年美好回忆的一部分，一些人到现在说不定也乐于去游玩。然而在这里我想提出的是，动物园并不应该存在。

首先，动物园或多或少都会对动物造成伤害。比较显而易见的是为了利益而对动物造成的伤害：经营动物园需要为动物提供特殊的环境和饲料等，需要一定的资金。而动物园用地和设施建设本身也需要资金。然而，这些并非所有经营方都能负担得起。为了降低成本，有些园子会选择降低动物的生活水平，比如用很小的笼子关动物、不请专业饲养员等。比如泰国商场高楼内的空中动物园，人声嘈杂，空间极小，并且动物有时会被强迫表演；印度尼西亚一所动物园饲养环境恶劣，使得老虎骨瘦如柴……此类例子和相关报道极多。也有某些动物园为了吸引游客，通过非法途径——比如和偷猎者交易——购买动物。没有买卖就没有伤害，如果关闭动物园，可以有效缓解这些问题。

可是，只有小型的、营利性的动物园会造成这种伤害吗？实际上，即使是正规、专业的动物园也会如此。动物园无法完全模拟动物的生存环境，尤其是大部分动物所适应的自然中的广阔环境，动物园对它们来说过于狭窄。比如海豚、虎鲸之类的动物本身应该生活在海洋里，而在动物园内游动一定距离就需要转身，无法像在海洋里一样畅游。美国"海洋世界"的虎鲸提里库姆就是因为生活在狭小的游泳池而患上精神疾病，最终酿成杀死三人的惨剧。此外，让人们能够参观动物是动物园的功能，但这样动物会被暴露在很多人的视线中，一些动物园又比较嘈杂，对它们来说都构成压力。就像如果人类处于被关起来的状态，只能在很小的区域活动，每天无论做什么都被很多双眼睛盯着，周围总是嘈杂的，很快就会精神崩溃。即使不一定到精神崩溃的程度，动物也一样会感到痛苦。因此即使是规范合法、有专业人士负责的动物园，仍无法避免对动物产生伤害。

其实，动物园的功能是可以替代的。其主要功能之一是让游客们看到平时难以见到的动物，起到教育作用。然而，现在科技发达，科研水平提升，有丰富的相关资料；再加上网络发达，人们可以轻易获得比亲自去动物园参观所得更详尽的资料，而且了解到的是动物在自然中真正的生存状态。例如，在动物园中只能看到踱步的狮子，在纪录片中却可以看到它们奔跑捕猎的状态。有些人可能会提出，"眼见为实"好于透过资料间接了解，然而动物园所能提供的本身就不是绝大部分动物真正的生存状态，不是"实"，而且我不认为"眼见为实"所能得到的好处值得对动物造成这样的伤害。而动物园所具有的保护动物功能是专门的动物保护机构也可以做到的，比如野生动物保护区，并且在保护区中动物还不必受到参观者打扰。动物保护机构的主要目的是帮助动物们在自然中生存，而非让它们被困在一小片区域内。可见，动物园的功能可以由其他现有的事物来替代，动物园并非必需品。

综上所述，我认为动物园应该被取缔主要出于两个原因：一是动物园的存在本身就会对动物造成伤害；二是鉴于动物园的现有功能可以由其他事物代替，取缔动物园是可行的。

小渔同学实际上是通过几个有关联的问题来引导读者的思考方向。

疑问：动物园为什么不应该存在？

回答：一些动物园为了利益，会降低动物的生活水平。

疑问：为了金钱和利益的动物园会对动物造成伤害，那么不为营利的动物园呢？

回答：正规、专业的动物园同样会。

疑问：为什么？

回答：无法完全模拟动物的生存环境，而且嘈杂的声音会对动物的精神造成伤害。

疑问：如果动物园不存在，那我们要去哪里看动物呢？

回答：它的功能是可替代的，去看资料、纪录片都可以满足人类了解动物的需要。

疑问：但这样就没有"眼见为实"啊！

回答：动物园里动物的生存状态并不是真实的，反而纪录片中的更真实。

这里的有些疑问是直接提出来的，而另一些是当你看到那里的时候，自然就会产生的。因此，我们不需要为了提示读者产生疑问而在文中不断地使用问句。我们在文中所制造的读者疑问就像路标一样，路标平时一直在那里，你可能根本不会注意到它们，但在你找不到路的时候，你自然会抬头去看它们。

"疑问—回答"的策略不仅用在说理写作中，在你写其他形式的文章、演讲、报告和展示的时候都可以运用，它是吸引读者和听众的一种颇为有效的方式。

练 习

按照"背景—冲突—疑问—回答"模式列出下面这一作文题

的提纲，并按照提纲进行写作。

古人说，"学不可以已"，重视学习是中华民族的优良传统。在当代中国，人们对学习的理解与古人有相同之处，也有不一样的地方。请以"学习今说"为题目，写一篇议论文。可以从学习的目的、价值、内容、方法、途径、评价标准等方面，任选角度谈你的思考。（2022年高考北京卷语文大作文一）

◇◇◇◇◇◇◇◇◇◇◇◇◇◇◇◇◇◇◇◇◇◇◇◇◇◇◇◇◇◇

▍小星的练习本 ▍

背景：自古以来，大家都认为学习很重要，但现实是，近几年，年轻人失业率升高，学历贬值，许多高学历需要低就。

冲突：教育投入和毕业收入不成正比。于是有人认为，学习也没用，学习好也找不到工作。

疑问：学习单纯是为了找工作吗？如何评判学习的意义和价值？

回答：学习是觉悟的过程，不要给学习套上畸形的框架。在今天，学习仍然非常重要。

学习今说

从古至今，"学习"二字在我们心中都具有极高意义，荀子著有《劝学》，望人通过外部的教化，改善本性的顽劣。到了父母一辈，许多人通过学习改变"命运"、实现理想。但随时代的发展，就职饱和度升高，许多以学习为成功途径的人，不再能通过其得到理想的物质生活，人们开始质疑"学"的意义，渲染起了"学习无用论"，又将十年寒窗视作"脱不下的长衫"。

这是由于人们从始至终就将学习视为了好大学、好工作，乃至完满的人生。将其与工具性价值过分关联在了一起，并执着于一定要在肉眼或书面上看到"学习"对当下生活的助力，是一种急功近利的表现。

古人早已言明，"学者，觉也"。学习是人觉悟的过程，这一特性从未改变。超脱自幼外界带给我们的这种畸形框架后，可以发现，学习并不与其他外部因素绑定，但一定会以某种形式最终作用于自身。小到穿针引线、辨认星座的能力，大到选择奋斗一生的事业，甚至认清世间万物的真理，这些都会在某一刻失意或昂扬时伴随在我们的心中，这是学习亘古不变的命题——"予我们慰藉与鼓励"。正如常有人在网上说，直到长大后的某个瞬间，才倏忽间懂得书中曾经学过的某句诗的真正含义。

如果说"觉"的滞后性让我们难以察觉学习的现实意义，导致它并不能使人明白为何我们必须要学习，那么我们仍要回溯先哲。《论语》早已阐明，学习乃是"谨而信，泛爱众，而亲仁。行有余力，则以学文"。古人学习是因其能提升道德修养而非借以进身。虽曰"学而优则仕"，但不是学只为仕，而是学到一定境界，须学以致用。身处现代的我们，更能明白学习的奇妙之处在于，它是探索欲和生命力的延伸，我们在不断地学习中堆叠起自己的认知、喜好、价值观……可以说，是学习构成了如今完整的你我，我们学会行走说话，我们通过与他人的接触丰盈思考，我们体味自然，我们阅读做题，这一切的行为都是新鲜感受和思考的获取，这些都是学习的体现。

评论学习有用抑或无用，本身就使用了不合适的"度量衡"。勿将目光只限于书本里的三两句话，更不要以短期回报论学习的意义。在今天，我们更应秉持"学不可以已"，不息地追求新的知识与思考，"学"为未来之"觉"，为有一天更开怀地拥抱现实，也许这才是学习的"现实意义"。

三、使文章变得吸引人

我们之前说过,要使人想读下去,真实、真诚当然是非常重要的基础,不过,总还可以用点特别的方法来吸引读者。论述部分并不需要特别花哨的修饰,烦琐的设计反而会降低说理的效果,这时候,标题、开头和结尾的作用就尤其明显。

1. 标题

把标题放在最后一节来讲似乎有些本末倒置,不过给文章拟标题本来就不是一件容易的事,并且是相当重要的步骤。你一定也有一篇文章写完,只有标题空在那里让你冥思苦想的时刻。好的标题既要能准确体现文章的要义,又要有新意、吸引人。三者缺一不可,同时也需要平衡。

一个太过朴实的标题就像寡淡的开胃菜,哪怕后面是一桌大餐,也让人先没了胃口。但我们往往看到一些新闻中出现"震惊""竟然做出这种事……"这类标题,纯粹为了吸引眼球,既不能表明文章的真实意思,也没有新意。太标新立异的题目也可能跟你文章内容本身相去甚远,反而让读者一头雾水。

我随手拿起我书架上的三本书,它们的标题是:

《公正:该如何做是好》(*Justice：What's the Right Thing*

to Do)①。

《一间自己的屋子》(*A Room of One's Own*)②。

《希望之书：珍·古道尔谈人类的生存、未来与行动》(*The Book of Hope: A Survival Guide for Trying Times*)③。

《公正：该如何做是好》这本书分析了不同学派关于"公正"这一概念的观点。标题简单明了，直击主题。

《一间自己的屋子》是英国著名作家弗吉尼亚·伍尔夫的经典著作，书中的主要观点是：一个女人如果想要写作，首先要有每年500镑的收入和一间自己的屋子。500镑的收入象征了经济独立，一间自己的屋子象征了私人空间。当时的女性不能工作，没有收入，也没有属于自己的私密空间。这个标题非常精准地概括了这本书的核心主张，并且运用了有新意的象征。

《希望之书：珍·古道尔谈人类的生存、未来与行动》记录的是在全球性的疾病大流行过后，作家艾布拉姆斯与著名的自然学者、人道主义者珍·古道尔博士的对谈。主标题提到了本书探讨的核心概念"希望"，副标题同样概括了书中探讨的核心问题。更值得一提的是本书的英文原版的副标题 A Survival Guide for Trying Times，直译是"艰难时刻的生存指南"，何为"艰难时刻"？作者在开篇即给出了解释："我们正在经历一个黑暗的时期。武装冲突、种族歧视、宗教歧视、仇恨犯罪、恐怖袭击和极

---

① 桑德尔．公正：该如何做是好．宋慧玲，译．北京：中信出版社，2011.
② 伍尔夫．一间自己的屋子．王还，译．上海：上海人民出版社，2008.
③ 古道尔，艾布拉姆斯．希望之书：珍·古道尔谈人类的生存、未来与行动．邹玥屿，译．北京：中信出版社，2022.

右倾向助长的游行与抗议活动（这些活动往往会演变成暴力事件）正在这个世界到处上演。贫富差距继续扩大，激起愤怒与动荡。许多国家的民主岌岌可危。还有当前最大的现实问题：全球肆虐的'新冠肺炎'疫情已造成了太多不幸和死亡，社会失业率攀升，经济陷入混乱。连气候危机都不得不被暂时'置之脑后'……"[1]这本书就是想要探讨在这样一个大背景下，我们如何继续探索"希望"这一人性要素？

总结一下，我的建议是，你的标题首先要能体现出文章核心主张/所探讨的核心问题，其次不妨尝试一些象征或比喻的方法，这样会让标题增色不少。无论如何，"让人想要继续读下去"是标题的第一要务。

比如小渔同学写的《动物园不应该存在》，这是一个很简洁有力的标题——这个观点就足够吸引人了。当然，也可以换成更活泼一点的：《是时候取缔动物园了》。

或者采用主副标题的形式：《动物园的"原罪"：为什么动物园不应该存在？》。

热带鱼同学写了一篇关于更复杂问题的文章，你可以先读一下这篇文章，想想用什么标题比较好。

把你想到的标题写在这里吧：

国务院办公厅 2016 年 12 月发布《关于有序停止商业性加工

---

[1] 古道尔，艾布拉姆斯. 希望之书：珍·古道尔谈人类的生存、未来与行动. 邹玥屿，译. 北京：中信出版社，2022.

销售象牙及制品活动的通知》，确定 2017 年 12 月 31 日前分期分批停止商业性加工销售象牙及制品活动，旨在进一步打击象牙等非法贸易。这引起了收藏界和野生动物保护界不同的呼声。一方，是有 7 000 多年悠久的历史，从新石器时代起就有印记的工艺品——牙雕，随着悠久的历史不断积淀传承独具风华的完备技艺。另一方，是陆地上最大的、社会心智最接近人类的地球物种之一，雨林生态中至关重要的一环——大象，如今，它的一些种群已经灭绝或者濒临灭绝。大象与牙雕是野生动物与传统艺术的代表，走私和盗猎使它们产生瓜葛，它们之间的矛盾和冲突持续了几十年。我认为，中国对象牙及其制品的进口本来就不合理，出台象牙禁令是必要的，牙雕艺术的传承必须去其糟粕、取其精华。

目前，野生象的境况十分危急。自 2002 年开始，有 62% 的非洲森林象因象牙而被杀害。据估计，单在 2012 年年初就有大约 3.2 万头大象被杀，其后这一数字还在激增。而非法的大规模盗猎活动，带来的影响不仅仅是对物种数量的改变。有针对性的盗猎导致公象数量锐减，象群近亲繁殖的概率增加。在盗猎面前，"无牙"成了优势性状。现今，斯里兰卡 90% 的公象没有长（zhǎng）牙。非法的盗猎活动已经对大象这一物种造成了严重的、短时间内不可逆的影响。

设立完善的法律是保护野生象免受非法贸易迫害最强有力的措施。象牙禁令其实早有先例，1989 年开始，欧盟就通过法案禁止进口商业象牙及其制品，象牙工匠在意大利、英国和西班牙绝迹，可见象牙禁令成效的显著。但一段时期内我国却仍以"保护文化遗产"为名继续"合法"进口象牙。据《南方周末》报道，在2006年象牙雕刻入选了中国国家级非物质文化遗产名录后，中国开始寻求象牙进口的途径，并最终于2009年以"传承象牙雕刻非物质文化遗产而非发展象牙产业"为由说服了公约委员会，同意中国购买南部非洲3个国家出售的60吨存量象牙。然而，"合法"的象牙进口并不能阻止象牙走私和盗猎。"合法"象牙的存在让消费者对象牙交易的非法性产生误解，反而助长了象牙消费需求，更刺激了盗猎活动。中国政府批准的合法象牙零售店的数量从2004年的31家上升到了2013年的145家，而根据国际爱护动物基金会（IFAW）2011年的中国象牙市场报告，当时非法企业的数量是合法企业的两倍，非法贸易（走私）是合法贸易的近6倍。这显然和中国"传承象牙雕刻非物质文化遗产而非发展象牙产业"的美好承诺不符。

此外，这些做法也成为走私象牙的掩护，加剧了象牙走私和盗猎。将象牙贸易合法化，这使它成为象牙非法交易的烟幕弹，让执法人员执法和对犯罪的有效惩治变得更加困难。再者，"合法"进口象牙的前提是有效的国内象牙交易管制。为了"合法"进口这批象牙，中国建立了象牙特许经营制和收藏证制度，但证明象牙合法性的收藏证却形同虚设，沦为走私象牙"洗白"的工具。象牙制品卖出后，合法企业以"办证需要时间"为由，暂不给消费者提供收藏证件，在证件与原制品分离的空当里，非法制品可以借壳卖出。部分合法销售点还将收藏证本身出租、出售，让合法象牙贸易成为象牙走私的掩护。国际爱护动物基金会2011年的调查显示，62.5%（20家）的合法经销点，部分甚至绝大多数制品不能提供相应的收藏证。由此可见，先前的管制条令并不能有效地控制象牙走私，反而使得盗猎者和走私者得以钻法律的空子。但是，这次的象牙禁令，凭借其严苛性与完备性，已经取得了不小的成效。据香港亚洲时报在线 2017 年 12 月 26 日的报道，野生救援协会首席执行官彼得·奈茨解释说，中国这一禁令已经导致中国缉获的象牙量下降了 80%，象牙原料的价格下降了 65%。12 家象牙加工单位和 55 处销售场所在 2017 年 3 月 31 日前停止相关活动。这着实是在解决象牙走私问题中最强有力的一击，也是中国在保护野生象进程中迈出的重大又深刻的一步。

艺术本无罪，象牙工艺的传承应去其糟粕、取其精华，需要转型。象牙走私链条层层累加出的巨大加成利益、宗教中的美好寓意与象牙技艺千年锤炼传承所积淀的精湛细腻的雕工，使得象牙制品备受收藏界的青睐。象牙禁令的实行，无异于对这一技艺的打击。一些人打着"保护非物质文化遗产"的名义反对禁令，有的人说："大象是濒危物种，值得保护，牙雕还是濒临失传的技艺呢，难道我们中国传统技艺中的精华就不值得保护和传承吗？"更有人呼吁："象牙数千年来都是工艺品原料，不能一刀切，为什么政府不想着让大象提高繁殖能力，反而去消灭象牙文化？"而我想在这里说的是，象牙制品的价值并不在于象牙本身，应看其是否具有艺术价值。牙雕技艺锤炼千百年而传承的不是被雕刻的象牙，而是那一代代手艺人精湛的雕刻手法和锲而不舍的工匠精神与用这些手法刻画的文化内容，这才是我们应该传承的东西。象牙制品没了雕刻技艺，终究只是一具带血的骸骨。将通过残忍杀害的盗猎手段获得的象牙雕刻成功人慈悲为怀的宗教制品，以威胁象群繁衍为代价雕刻出寓意家和万事兴的艺术作品，这岂不是讽刺？何况，过度的走私和盗猎已经对野生象造成了巨大的影响，这种影响在短期内是很难恢复的，并且研究提高象群繁殖能力的方法只能说是一种解决方法，但它并不能在短时间内有效地减缓非法象牙贸易对野生象的威胁。其实，在现在科技高速发展的时代背景下，我们完全可以研制出一种替代象牙的"人造象牙"，或者把牙雕技艺和其他的雕刻技艺如根雕、石雕、木雕有机结合，实现牙雕技艺的扦插和嫁接，使其在生态可持续发展、保护野生动物、传承优秀传统文化的背景下得以继续发芽和抽新。

人与自然如何和谐共处，自古以来就是一个严峻的话题。我们从自然获取原料与灵感，创造我们辉煌的文化与文明，但是同时，人类的贪婪也在不断地破坏自然与生态平衡。人类的文明高速发展，而人与自然的关系却日益紧张。面对濒危的野生象和牙雕技艺，实行象牙禁令，对传统技艺去其糟粕、取其精华，也许是最好的、最有效的权衡。

短的文章或许很好拟标题。长的文章，或者是一本书，就没那么容易了。不过，原则却是相通的。热带鱼同学想出了几个标题，有比较直接地提出矛盾的：

《尴尬的传统技艺：野生动物遇上非物质文化遗产，我们该保护谁？》。

或者更具象征意味的：

《当艺术与生命相冲突》。

或者更令人汗毛倒竖的：

《不尊重生态规则的工艺品，只是带血的骸骨》。

最后，热带鱼同学选择了第一个——不论选择哪一个，这些标题都能既充分地体现文章讨论的核心问题，又不失新颖和深意。

2. 开头

开头（第一段）的主要作用简单来说就是让读者觉得：

哇，这可真是个问题啊！

我们确实需要去想想！

我想看看你是怎么回答这个问题的！

因此，你首先就要说明你这篇文章的写作意义，也就是争议点在哪里。为什么它值得被写出来？为什么这个问题很值得被讨论一下？我们考察了一个问题的背景，就需要体现在这里。你还要在这一段中提出自己在文中将要探讨的核心问题，或者直接点明你的核心主张。

学校实行导师制已经两年了，在这段时间里，同学们对其反响褒贬不一，有的同学觉得导师比班主任的角色更灵活，更能适应走班制的需要，但更多同学觉得导师不能全面地了解学生的情况，还是班主任制更好些。（背景、争议）这种争议自导师制实行以来就一直存在，同学们的学习生活多少都受到了一些影响，有的影响还比较严重，所以不得不针对该问题进行一场严肃的讨论。（写作意义）究竟哪种方式更好？我认为，在我校的环境下，导师制比班主任制更胜

一筹。（核心主张）

这一段包含了开头部分需要的全部要素，但看起来有些过分中规中矩。也许可以再加入一段话：

> 杠杠同学最近情绪低落，想要联系导师但一直约不上时间，而且杠杠的导师并没有教过他，他很怀疑导师能不能帮他解决问题……这样的事情你可能也遇到过，为什么会出现这种现象？学校实行导师制已经两年了，在这段时间里，同学们对其反响褒贬不一……

这个开头与之前的相比，就多了一个引子。

我们再看小渔同学《动物园不应该存在》这篇文章的第一段，小渔同学一直是"言简意赅派"的：

> 提到动物园，相信大家都不陌生。它可能是很多人童年美好回忆的一部分，一些人到现在说不定也乐于去游玩。然而在这里我想提出的是，动物园并不应该存在。

她当然也可以这样写：

> 尼日利亚一动物园中骆驼瘦到脱形，游客认不出；南通野生动物园为演马戏拔光老虎牙齿；西班牙科尔多瓦动物园的大象弗拉维亚从3岁开始被圈养43年，患抑郁症去世……提到动物园，相信大家都不陌生。它可能是很多人童年美好回忆的一部分，一些人到现在说不定也乐于去游玩。然而在这里我想提出的是，动物园并不应该存在。

这样就使开头产生了一些冲击性。可能平时大家并未注意到这些事实，但当你将其摆出来时，就能起到很好的"提神"效果，不仅能先让读者对你要探讨的问题有一个比较形象的概念，更能激发大家继续读下去的欲望。

比如鲁迅的《拿来主义》的开头：

> 中国一向是所谓"闭关主义"，自己不去，别人也不许来。自从给枪炮打破了大门之后，又碰了一串钉子，到现在，成了什么都是"送去主义"了。别的且不说罢，单是学艺上的东西，近来就先送一批古董到巴黎去展览，但终"不知后事如何"；还有几位"大师"们捧着几张古画和新画，在欧洲各国一路的挂过去，叫作"发扬国光"。听说不远还要送梅兰芳博士到苏联去，以催进"象征主义"，此后是顺便到欧洲传道。我在这里不想讨论梅博士演艺和象征主义的关系，总之，活人替代了古董，我敢说，也可以算得显出一点进步了。
>
> 但我们没有人根据了"礼尚往来"的仪节，说道：拿来！[①]

用一个简短有趣的小故事吸引读者也是个不错的选择。比如朱光潜先生《咬文嚼字》的开头：

> 郭沫若先生的剧本《屈原》里婵娟骂宋玉说："你是没有骨气的文人！"上演时他自己在台下听，嫌这话不够味，想在"没有骨气的"下面加"无耻的"三个字。一位演员提

[①] 鲁迅. 鲁迅散文. 北京：人民文学出版社，2014：210.

醒他把"是"改为"这","你这没有骨气的文人!"就够味了。他觉得这字改得很恰当,他研究这两种语法的强弱不同,"你是什么"只是单纯的叙述语,没有更多的意义,有时或许竟会落个"不是";"你这什么"便是坚决的判断,而且附带语省略去了。根据这种见解,他把另一文里"你有革命家的风度"一句话改为"你这革命家的风度"。①

这个小故事正是"炼字"的好例,与主题非常契合,刚好用来引出下文的一系列阐述。

3. 结尾

我们可能常见下述几种形式的结尾。

(1) 单纯的总结。

> 综上所述,……
> 总之,……

学术论文式总结,我们不否认它会很好地帮助读者回顾你的文章内容,但它会让你的文章缺少一些趣味性和可读性。

(2) 喊口号。

> 让我们携起手来,为……而奋斗!

戛然而止的感觉,奋力一呼之后就声音衰弱了。

(3) 抒情式。

> 没有自由,地球就无法运转;

---

① 朱光潜. 读写指要. 上海:上海文艺出版社,2019:302.

没有自由，人类就无法生存。

让我们拥抱自由！

提出美好的期待当然是一种不错的收尾方式，但是运用这种形式的抒情很容易让结尾变得轻飘飘，说了基本等于什么也没说。

避免后两种言之无物结尾的秘诀还是：不要硬凑。"套路"的口号和抒情不一定跟你的文章内容有关系，不需要在写一篇影评或者关于"安乐死"的文章时都三下五除二地"实现中华民族伟大复兴"。

比如徐贲老师曾经在一篇《对小品表演，观众应该期待什么》中这样结尾：

> 如果一群人能为同一个小品开怀大笑，表示他们有共同的社会经验、价值取向、问题关怀，也给他们一种拥有共同生活世界的感受。因此，相比起只是一些人发出的笑来，大家一起觉得有意思，一起笑起来，是一种更有公共意义的幽默体验。这也应该成为人们对文艺表演幽默小品的一个期待。①

这个结尾同样是提出了一个美好期待，与文章内容密切相关，就事论事，没有强行给文章的意义扣上比如"提升小品关系到我们民族的整体审美能力"之类的大"帽子"。

结尾的一项很重要的功能是能令人回味又有所思考，我很建议你的结尾不要让人觉得这事儿就这么结束了——能让看过的人感到"嗯，很有道理"当然是一篇很成功的文章，但给人留下更

---

① 徐贲．对小品表演，观众应该期待什么．（2018-02-20）[2019-05-05]．http://dajia.qq.com/original/category/xb20180220.html.

多的思考空间是更能调动读者的一种方式，最好是能使其进一步思考。你可能会担心，在结尾再引发新一轮的思考，是不是好像我想得不够深入、我的文章没写完一样？如果是大师们写书，就不会这样吧？他/她们一定会把所有问题解释得很清楚吧？

其实，完全没必要有这种担心。即便是长篇的著作，也不会是一个完全闭合的结尾——你的文章是在与读者对话，即便到了结尾我们都不要主动关闭这个对话。

钱穆所著《中国历代政治得失》的结尾是这样的：

> 我将最后申说着一点。中国之将来，如何把社会政治上种种制度来简化，使人才能自由发展，这是最关紧要的。但这不是推倒一切便可以成功。重要的不在推倒，在建立。我们说，我们要建立法治，现在我们的文书制度，层次之多，承转之繁，使人一跑进这圈套，就无法得转身。再加上民主二字，好像什么事都待集体商量过，于是文书递转以外再加上开会忙……中国政治比西方先进步，这是历史事实，不是民族夸大。这句话也只有孙中山先生曾说过。今天我们要反对中国自己传统，想要抹杀我们自己两千年历史，但历史已然成为历史了，如何能一笔抹杀呢？别人家自有别人家的历史，我们又如何能将自己横插进别人家的历史传统呢？这又牵涉到整个文化问题了。纵论及此，便见是非常复杂了。我不敢在这里空谈理论，只能讲历史。当前英国哲人罗素曾说过：讲哲学，至少有一个功用，即在减轻人一点武断。我想讲历史，更可叫人不武断。因事情太复杂，利弊得失，历久始见，都摆开在历史上。知道历史，便可知道里面有很多的

问题。一切事不是痛痛快快一句话讲得完。历史终是客观事实，历史没有不对的，不对的是在我们不注重历史，不把历史作参考。至少我们讲人文科学方面的一切，是不该不懂历史的。政治也是人文科学中一门，我们回头把以前历史经过，再看一道，总还不是要不得。①

这一结尾不仅仅是总结，还重申了写作该书的意义，甚至提出了新的问题——一个你阅读这本书之后可以继续沿此方向思考的问题。

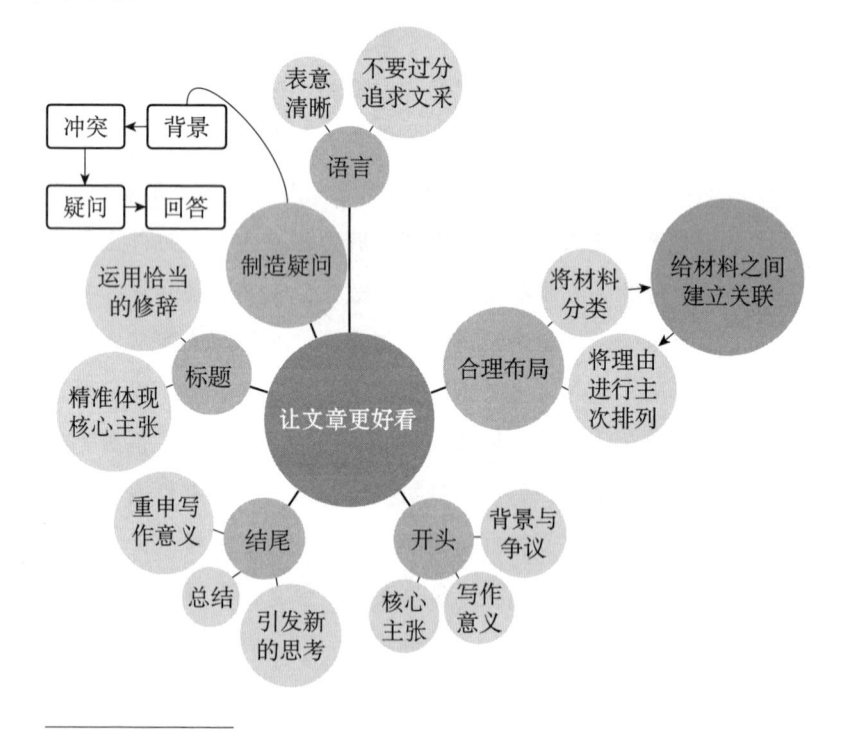

---

① 钱穆. 中国历代政治得失. 北京：生活·读书·新知三联书店，2017：179-180.

👉 给教师的课堂活动小贴士

亲爱的老师，当你想要给学生试一试说理写作，希望你：

让学生写出真实的想法——不管学生写了什么，你都别生气！

倾听、阅读学生的作品，做学生的好读者，不着急评价。

站在不同的立场思考问题，和学生一起成长。

引导学生与弱势群体共情，而不是以上位者的眼光看待一切。

对啦——我不是什么专家，只是分享自己上课的一点体验。我们一起探索吧！

至此，我关于说理写作的思考已经全部告诉你了，希望这本书能让你对这个学科产生一些兴趣。更重要的是：开始写吧！你只有在自己写作的过程中才能真正获得"让想法流淌出来"的乐趣。我建议你去向相应的报章投稿，从最小的校刊或是学生报纸开始，不要让你写的东西待在自己的抽屉或电脑里，让更多的人看到它们，和别人——同龄人、比你年纪大或小的人——去分享你的思考，让他们或她们给你提出不同的意见，你们可以一起讨论。将你在写作中与假想读者的对话付诸实践，在交流中不断完善它们。

最后，我要特别感谢我的学生们，书中大部分学生例文都出自这些可爱的人之手，辩论部分也是课堂辩论的实录，他们和她们一直给予我很多灵感。

话不多说，开始写吧！

创意写作书系

这是一套广受读者喜爱的写作丛书,系统引进国外创意写作成果,推动本土化发展。它为读者提供了一把通往作家之路的钥匙,帮助读者克服写作障碍,学习写作技巧,规划写作生涯。从开始写,到写得更好,都可以使用这套书。

综合写作		
书名	作者	出版时间
成为作家	多萝西娅·布兰德	2011 年 1 月
一年通往作家路——提高写作技巧的 12 堂课	苏珊·M. 蒂贝尔吉安	2013 年 5 月
文学的世界	刁克利	2022 年 12 月
创意写作大师课	于尔根·沃尔夫	2013 年 6 月
渴望写作——创意写作的五把钥匙	格雷姆·哈珀	2022 年 6 月
与逝者协商——布克奖得主玛格丽特·阿特伍德谈写作	玛格丽特·阿特伍德	2019 年 10 月
心灵旷野——活出作家人生	纳塔莉·戈德堡	2018 年 2 月
从创意到畅销书——修改与自我编辑	詹姆斯·斯科特·贝尔	2016 年 1 月
精简写作	蓥田吉昭	2025 年 1 月
虚构写作		
小说写作教程——虚构文学速成全攻略	杰里·克里弗	2011 年 1 月
开始写吧!——虚构文学创作	雪莉·艾利斯	2011 年 1 月
冲突与悬念——小说创作的要素	詹姆斯·斯科特·贝尔	2014 年 6 月
情节与人物——找到伟大小说的平衡点	杰夫·格尔克	2014 年 6 月
人物与视角——小说创作的要素	奥森·斯科特·卡德	2019 年 3 月
经典人物原型 45 种——创造独特角色的神话模型(第三版)	维多利亚·林恩·施密特	2014 年 6 月
情节线——通过悬念、故事策略与结构吸引你的读者	简·K. 克莱兰	2022 年 3 月
经典情节 20 种(第二版)	罗纳德·B. 托比亚斯	2015 年 4 月
情节!情节!——通过人物、悬念与冲突赋予故事生命力	诺亚·卢克曼	2012 年 7 月
超级结构——解锁故事能量的钥匙	詹姆斯·斯科特·贝尔	2019 年 6 月
如何创作炫人耳目的对话	詹姆斯·斯科特·贝尔	2016 年 11 月
如何创作令人难忘的结局	詹姆斯·斯科特·贝尔	2023 年 3 月
故事工程——掌握成功写作的六大核心技能	拉里·布鲁克斯	2014 年 6 月
故事力学——掌握故事创作的内在动力	拉里·布鲁克斯	2016 年 3 月
畅销书写作技巧	德怀特·V. 斯温	2013 年 1 月
30 天写小说	克里斯·巴蒂	2013 年 5 月
弗雷的小说写作坊——劲爆小说秘境游走	詹姆斯·N. 弗雷	2015 年 7 月
弗雷的小说写作坊——让劲爆小说飞起来	詹姆斯·N. 弗雷	2015 年 7 月
从生活到小说(第二版)	罗宾·赫姆利	2018 年 1 月

\multicolumn{3}{c}{虚构写作}
小说写作完全手册（第三版）	《作家文摘》编辑部	2024 年 4 月
如果，怎样？——给虚构作家的 109 个写作练习（第三版）	安妮·伯奈斯 帕梅拉·佩因特	2023 年 6 月
成为小说家	约翰·加德纳	2016 年 11 月
小说的艺术	约翰·加德纳	2021 年 7 月
\multicolumn{3}{c}{非虚构写作}
怎样写好一个故事	飞蛾故事会	2025 年 1 月
开始写吧！——非虚构文学创作	雪莉·艾利斯	2011 年 1 月
写作法宝——非虚构写作指南	威廉·津瑟	2013 年 9 月
故事技巧——叙事性非虚构写作（第二版）	杰克·哈特	2023 年 3 月
从零开始写故事——非虚构写作的 11 堂必修课	叶伟民	2024 年 8 月
自我与面具——回忆录写作的艺术	玛丽·卡尔	2017 年 10 月
写我人生诗	塞琪·科恩	2014 年 10 月
\multicolumn{3}{c}{类型及影视写作}
金牌编剧——美剧编剧访谈录	克里斯蒂娜·卡拉斯	2022 年 3 月
开始写吧！——影视剧本创作	雪莉·艾利斯	2012 年 7 月
开始写吧！——科幻、奇幻、惊悚小说创作	劳丽·拉姆森	2016 年 1 月
开始写吧！——推理小说创作	劳丽·拉姆森	2016 年 7 月
弗雷的小说写作坊——悬疑小说创作指导	詹姆斯·N. 弗雷	2015 年 10 月
好剧本如何讲故事	罗伯·托宾	2015 年 3 月
经典电影如何讲故事	许道军	2021 年 5 月
童书写作指南	玛丽·科尔	2018 年 7 月
网络文学创作原理	王祥	2015 年 4 月
\multicolumn{3}{c}{写作教学}
小说写作——叙事技巧指南（第十版）	珍妮特·伯罗薇	2021 年 6 月
剑桥创意写作导论	大卫·莫利	2022 年 7 月
你的写作教练（第二版）	于尔根·沃尔夫	2014 年 1 月
创意写作教学——实用方法 50 例	伊莱恩·沃尔克	2014 年 3 月
创意写作思维训练	丁伯慧	2022 年 6 月
故事工坊（修订版）	许道军	2022 年 1 月
大学创意写作（第二版）	葛红兵 许道军	2024 年 8 月
小说创作技能拓展	陈鸣	2016 年 4 月
\multicolumn{3}{c}{青少年写作}
奇妙的创意写作——让你的故事和诗飞起来	卡伦·本基	2019 年 3 月
写作大冒险——惊喜不断的创作之旅	凯伦·本克	2018 年 10 月
小作家手册——故事在身边	维多利亚·汉能	2019 年 2 月
写作魔法书——让故事飞起来	加尔·卡尔森·莱文	2014 年 6 月
成为小作家	李君	2020 年 12 月
写作魔法书——28 个创意写作练习，让你玩转写作（修订版）	白铅笔	2019 年 6 月
有个性的写作（人物篇＋景物篇）	丁丁老师	2022 年 10 月
北大附中创意写作课（修订版）	李韧	2025 年 5 月
给阿库的十四封信	李韧	2025 年 5 月
北大附中说理写作课（修订版）	李亦辰	2025 年 7 月

创意写作课程平台

从入门到进阶多种选择，写作路上助你一臂之力

扫二维码随时了解课程信息

"创意写作课程平台"由中国人民大学出版社"创意写作书系"编辑团队精心打造，历经十余年积累，依托"创意写作书系"海量素材，邀请国内外优秀写作导师不断研发而成。这里既有丰富的资源分享和专业的写作指导，也有你写作路上的同伴，曾帮助上万名写作者提升写作技能，完成从选题到作品的进阶。

写作训练营，持续招募中

- **叶伟民故事写作营**

  高人气写作导师叶伟民的项目制写作训练营。导师直播课，直击写作难点痛点，解决根本问题。班主任 Office Hour，及时答疑解惑，阅读与写作有问必答。三级作业点评机制，导师、班主任、编辑针对性点评，帮助突破自身创作瓶颈。

- **开始写吧！——21天疯狂写作营**

  依托"创意写作书系"海量练习技巧，聚焦习惯养成、人物塑造、情节设置等练习方向，21天不间断写作打卡，班主任全程引导练习，更有特邀嘉宾做客直播间传授写作经验。

精品写作课，陆续更新中

- **小说写作四讲**

  精美视频 + 英文原声 + 中文字幕

  全美最受欢迎的高校写作教材《小说写作》作者珍妮特·伯罗薇亲授，原汁原味的美式写作课，涵盖场景、视角、结构、修改四大关键要素，搞定写作核心问题。

- **从零开始写故事**

  高人气写作导师叶伟民系统讲解故事写作的底层逻辑和通用方法，30讲视频课程帮你提高写作技能，创作爆品故事。

精品写作课

作家的诞生——12位殿堂级作家的写作课

中国人民大学习克利教授10余年研究成果倾力呈现，横跨2800年人类文学史，走近12位殿堂级写作大师，向经典作家学写作，人人都能成为作家。

荷马：作家第一课，如何处理作品里的时间？
但丁：游历于地狱、炼狱和天堂，如何构建文学的空间？
莎士比亚：如何从小镇少年成长为伟大的作家？
华兹华斯和弗罗斯特：自然与作家如何相互成就？
勃朗特姐妹：怎样利用有限的素材写作？
马克·吐温：作家如何守望故乡，如何珍藏童年，如何书写一个民族的性格和成长？
亨利·詹姆斯：写作与生活的距离，作家要在多大程度上妥协甚至牺牲个人生活？
菲兹杰拉德：作家与时代、与笔下人物之间的关系？
劳伦斯：享有身后名，又不断被诋毁、误解和利用，个人如何表达时代的伤痛？
毛姆：出版商的宠儿，却得不到批评家的肯定。选择经典还是畅销？

一个故事的诞生——22堂创意思维写作课

郝景芳和创意写作大师们的写作课，国内外知名作家、写作导师多年创意写作授课经验提炼而成，汇集各路写作大师的写作法宝。它将告诉你，如何从一个种子想法开始，完成一个真正的故事，并让读者沉浸其中，无法自拔。

郝景芳：故事是我们更好地去生活、去理解生活的必需。
故事诞生第一步：激发故事创意的头脑风暴练习。
故事诞生第二步：让你的故事立起来。
故事诞生第三步：用九个句子描述你的故事。
故事诞生第四步：屡试不爽的故事写作法宝。

见招拆招

说理写作实用手册

使用说明：

（1）　你可以把你的提纲、文章、评述、观点、搜集的评价等记录在这个手册中。

（2）　手册最后四页提供了思维导图部分的素材，可以剪下来贴到对应的思维导图中。

五句话提纲

不要再写那种"论点—分论点 1—分论点 2—分论点 3—总结"的提纲了，试试"五句话提纲"吧！

用五句**连贯**的话来概括你的文章内容，并把每句话扩展成一整段。

提纲：

第一句

第二句

第三句

第四句

第五句

违反结构原则的谬误

三石：海鸥中学的管理太成问题了，说什么教学改革，完全是在用学生的将来为代价在做实验。
小花：你为什么这么说啊？
三石：因为学校完全把学生当小白鼠啊，提出一些不切实际的设想。

上课不好好听讲就不知道哪些是重点内容，最后肯定不及格啊。你看看你这回才考才52分，上课肯定在走神吧！

既然每个人都拥有绝对的自由，这个游戏软件为什么要给青少年设置时间限制？

请把这五句话扩展成一篇完整的文章!

"背景—冲突—疑问—回答"提纲

寻找材料给定背景当中存在的冲突，并针对冲突提出疑问，像写故事一样制造悬念，吸引读者一直往下读吧！

背景

冲突

疑问

回答

> 违反可接受性的谬误

> 这个问题的关键就是找到核心问题，你找到了核心问题不就迎刃而解了吗？

> 小渔：海鸥中学明年的成绩肯定要更好了。
> 小花：为啥？
> 小渔：你没听说吗，今年那里换了新校长了！进行了好多改革呢。

> 我们球队今年在每个位置都引进了最强球员，一定能赢！

> 转发这条微博，不转不是中国人！

> 她明明工资比我高那么多，付一顿饭钱算什么，还要跟我AA，真是不好评价。

> 我不是宣扬双标，我就是真心觉得男人应该成为社会的中流砥柱，女性在家里相夫教子就很好。

评述一个事件或现象

简述事件 / 现象

分析事件 / 现象产生的原因

深入剖析事件 / 现象的社会、历史因素

你对事件 / 现象的态度

你持以上态度的理由

回应可能的反对意见

对事件/现象的后续思考

违反充分性的谬误

你现在不先做作业就去玩，考试肯定一塌糊涂，还考什么大学啊，更找不到工作，将来一辈子待在家里好了！

很多小孩不听话就是欠管教。你看三石的家长，三石要是有什么做得不对，直接就是一巴掌，下次他肯定不敢了。

三石：蓝鲸书院的同学体育都很好。
小花：光头就是蓝鲸书院的，他体育好像不怎么样啊。
三石：那他不能算真正的蓝鲸书院人。

小花：有一说一，最近的食堂菜品质量有点下降。
小明：你怎么能这么轻易否定食堂师傅的辛勤劳动呢？

如果不进行教学改革，海豚中学的成绩就会变得更好吗？所以还是得改革啊。

自从来了海豚中学，我的成绩就变差了。海豚中学真的太烂了。

要反驳就先肯定

　　肯定对方好的论证而不是一味互怼，寻找与对手的最大公约数起跑线。

对方的好论证

1.

2.

3.

集中反驳重要观点，不要把时间浪费在细枝末节上

按照重要程度列出你想要反驳的部分

1.

2.

3.

一对一搜集对文章的评价

评论员 1 号：＿＿＿＿＿＿＿＿＿＿＿＿

请她 / 他给你提出一个论证逻辑问题

评论员 2 号：＿＿＿＿＿＿＿＿＿＿＿＿

请她 / 他给你提出一个论据问题

评论员 3 号：＿＿＿＿＿＿＿＿＿＿＿＿

请她 / 他给你提出一个具体论证细节的问题

违反相关性的谬误

在课堂上禁止使用手机根本没用，这并不能让学生都完成作业、提高成绩啊！

你指望她能说出什么好话来，狗嘴里吐不出象牙。

要是证明外卖包装污染环境，就要提倡减少叫外卖了，那我吃饭多不方便啊。外卖包装应该对环境影响也不大吧。

小明：我作业忘做了。
老师：什么忘做了，你这就是态度问题。你怎么不忘了吃饭呢？

大家都上奥数，咱们也得上啊！而且我小时候也上过，肯定没错的。

我为了你放弃了多少机会你知道吗？你不好好学习对得起我吗？

三石：你看×××教授关于家庭教育问题的演讲了吗？家长们都很推崇他。
小花：他不是历史系的教授么？也研究家庭教育问题吗？
三石：他很厉害的，还上过流星讲坛、主持过选秀节目呢。

三石的话你都信啊？他老家那地方可是以搞诈骗闻名的。

记　者：请问贵国为什么要侵略邻国？
发言人：我国致力于发展同周边国家的友好关系，以后也会继续保持这种原则。

违反结构原则的谬误

肯定后件

概念：在"若 P，则 Q"这个命题中，P 是前件，Q 是后件。如果你从这一命题直接得出"若 Q，则 P"的结论，那就是肯定后件。

举例：

反驳：

有问题的前提

概念：言之凿凿地提出一个前提来推出结论，但这个前提的真实性和合理性并没有经过证实。

举例：

反驳：

循环论证

概念：先将结论作为前提的前提来提出，再以它去进行论证，得出结论。

举例：

反驳：

评论员 4 号：＿＿＿＿＿＿＿＿

请她 / 他给你提出一个选题问题

评论员 5 号：＿＿＿＿＿＿＿＿

请她 / 他给你提出一个背景问题

不断地收集反馈 → 修改完善，好过刷作文题！！！

论述性文章对照表格

你可以利用这个表格来检查文章是否符合论述性文章的基本要求。然后邀请你的同学、朋友来阅读你的文章并按照这个表格来给你提出意见。

范畴	细节	是否在文中实现（实现画○，未实现画×，并写出具体问题）			
		文章1	文章2	文章3	文章4
选题聚焦	所探讨问题聚焦、精确，没有假大空				
	所探讨的问题仍有争议性、能引发好奇，不是已经有明确答案的问题				
背景探究	文中清晰地分析问题的现状				
	提及了问题的争论历史（如果有的话）				
	分析了问题的深层原因				
论证效力	主张清晰、明确				
	理由与主张相关性强				
	理由可充分支持主张				
	符合论据可接受原则				

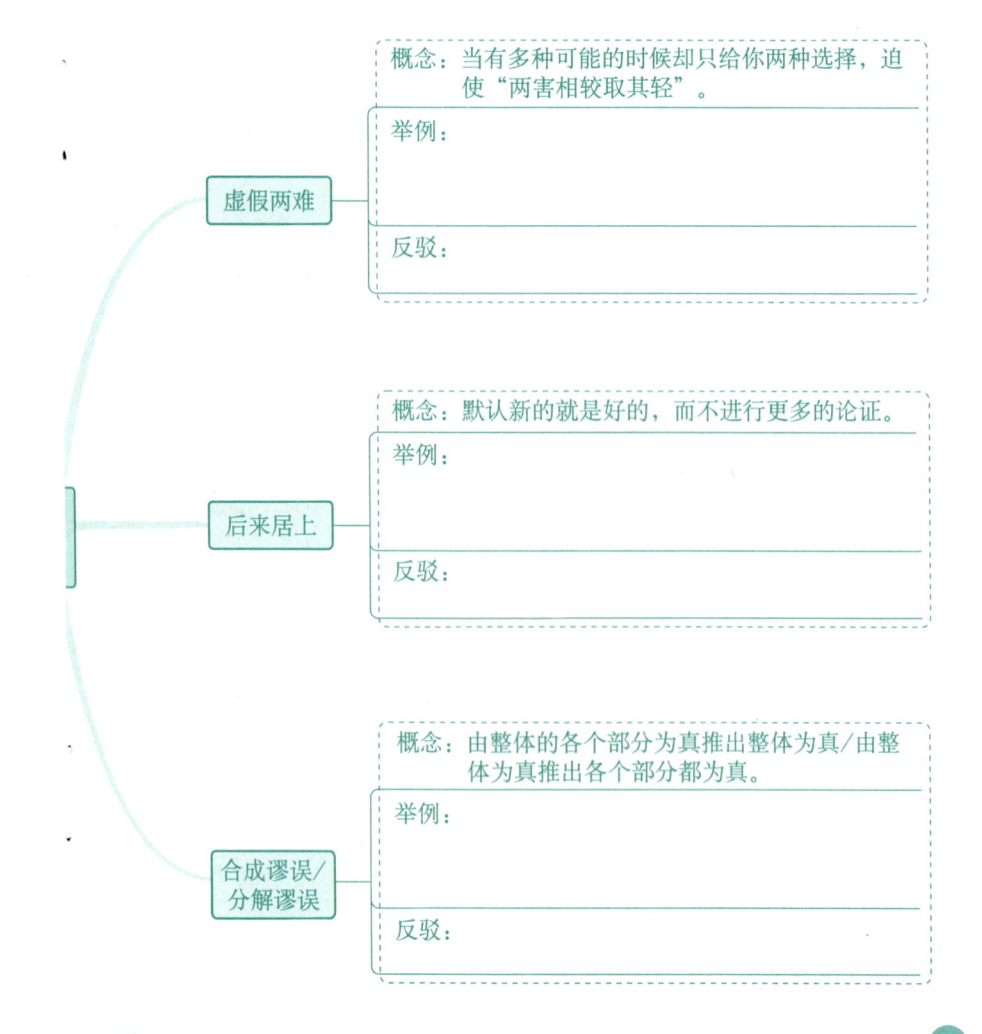

虚假两难
- 概念：当有多种可能的时候却只给你两种选择，迫使"两害相较取其轻"。
- 举例：
- 反驳：

后来居上
- 概念：默认新的就是好的，而不进行更多的论证。
- 举例：
- 反驳：

合成谬误／分解谬误
- 概念：由整体的各个部分为真推出整体为真／由整体为真推出各个部分都为真。
- 举例：
- 反驳：

违反可接受性的谬误

实然/应然谬误
- 概念：将事实如此等同于应该如此，但是真实性不等于合理性。
- 举例：
- 反驳：

貌异实同
- 概念：刻意地区分一些表达相同意思的词句，制造假象从而声称一种观点与另一种观点不同。实际上除了描述用语被精心区别以外，两种观点的本质并无不同。
- 举例：
- 反驳：

语意模糊
- 概念：无意或故意地含糊其辞，扰乱视听。
- 举例：
- 反驳：

	没有出现逻辑谬误				
	有意识地运用有效的类比/归谬/权衡论证				
	在文中预先回应了可能出现的反对意见				
	第一段明确所了要探讨的问题和写作意义				
	对文章进行合理布局：层次清晰、重点突出				
文章结构	有意识地对材料进行分类运用				
	段落之间的过渡自然、不生硬。段落和层次之间使用提示语（连接词）清楚地指明逻辑关系				
	有意识地在写作中培养读者的疑问并回答				
	清晰、准确。不说模棱两可的话				
	简练。不需要华丽辞藻，杜绝"僵尸词汇"				
语言表达	每句尽量不要使用超过两个"的"				
	引用和举例部分概括准确，抓住关键细节				
	语言表述客观，没有使用情绪化的、抒情的语言				
	有读者意识，考虑读者的接受度				

逻辑谬误

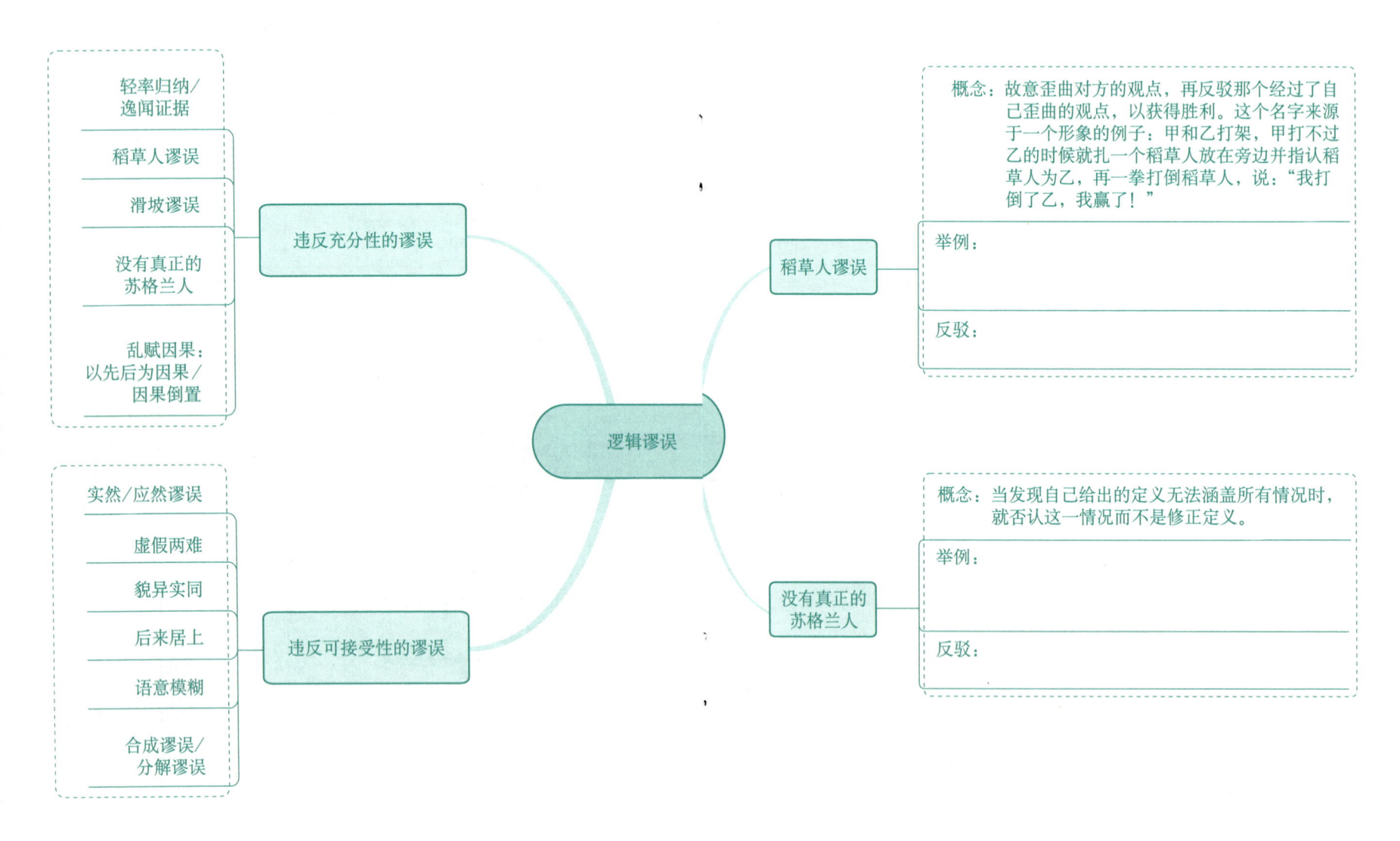

违反充分性的谬误
- 轻率归纳/逸闻证据
- 稻草人谬误
- 滑坡谬误
- 没有真正的苏格兰人
- 乱赋因果：以先后为因果/因果倒置

违反可接受性的谬误
- 实然/应然谬误
- 虚假两难
- 貌异实同
- 后来居上
- 语意模糊
- 合成谬误/分解谬误

稻草人谬误

概念：故意歪曲对方的观点，再反驳那个经过了自己歪曲的观点，以获得胜利。这个名字来源于一个形象的例子：甲和乙打架，甲打不过乙的时候就扎一个稻草人放在旁边并指认稻草人为乙，再一拳打倒稻草人，说："我打倒了乙，我赢了！"

举例：

反驳：

没有真正的苏格兰人

概念：当发现自己给出的定义无法涵盖所有情况时，就否认这一情况而不是修正定义。

举例：

反驳：

违反充分性的谬误

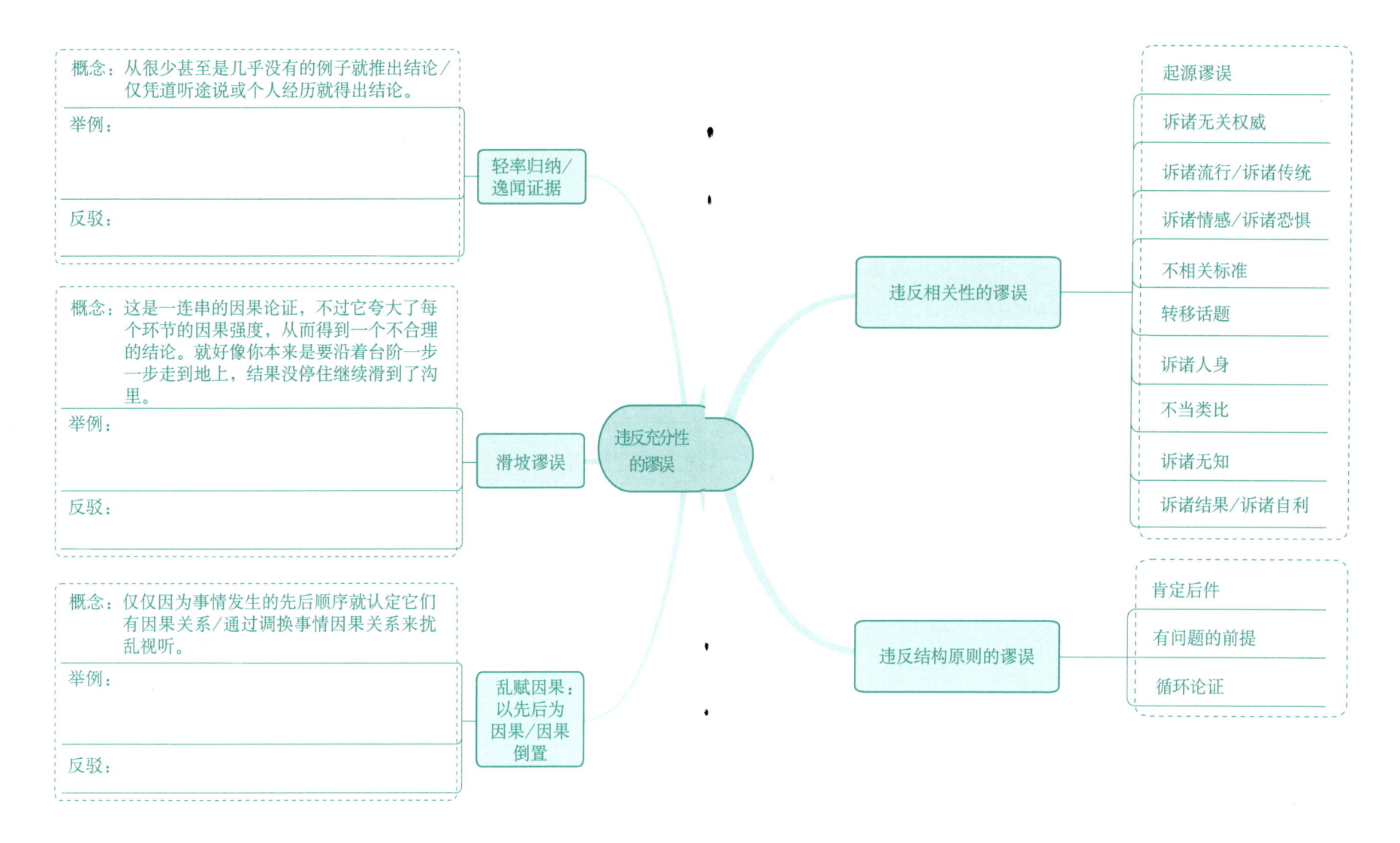

轻率归纳/逸闻证据
- 概念：从很少甚至是几乎没有的例子就推出结论/仅凭道听途说或个人经历就得出结论。
- 举例：
- 反驳：

滑坡谬误
- 概念：这是一连串的因果论证，不过它夸大了每个环节的因果强度，从而得到一个不合理的结论。就好像你本来是要沿着台阶一步一步走到地上，结果没停住继续滑到了沟里。
- 举例：
- 反驳：

乱赋因果：以先后为因果/因果倒置
- 概念：仅仅因为事情发生的先后顺序就认定它们有因果关系/通过调换事情因果关系来扰乱视听。
- 举例：
- 反驳：

违反相关性的谬误
- 起源谬误
- 诉诸无关权威
- 诉诸流行/诉诸传统
- 诉诸情感/诉诸恐惧
- 不相关标准
- 转移话题
- 诉诸人身
- 不当类比
- 诉诸无知
- 诉诸结果/诉诸自利

违反结构原则的谬误
- 肯定后件
- 有问题的前提
- 循环论证

违反相关性的谬误

不当类比
- **概念**：使用并没有特别相似度的两种事物或情况进行类比，得出结论。
- 举例：
- 反驳：

诉诸人身
- **概念**：直接攻击提出立论的人而不是针对论证做探讨。
- 举例：
- 反驳：

不相关标准
- **概念**：批判/赞成一个项目是因为它未达成/达成了某个目的，而这个目的是这一命题从未声称和期望达到的。
- 举例：
- 反驳：

诉诸结果/诉诸自利
- **概念**：仅以某观点成立所产生的结果好坏/是否对我（我所代表的群体）有利来判断一个观点是否正确。
- 举例：
- 反驳：

诉诸情感/诉诸恐惧
- **概念**：通过煽情/吓唬的方式说服你，而并没有实际的论证。
- 举例：
- 反驳：

起源谬误
- **概念**：仅仅因为一个观点的起源（是谁说的、是从哪里来的）就肯定或否定这个观点，而你对这种起源的看法往往来源于自己的偏见，这也是所谓的"刻板印象"。
- 举例：
- 反驳：

转移话题
- **概念**：将对方引入无关的话题，分散其注意力，借以改变关注焦点，使对方忽略重要问题。
- 举例：
- 反驳：

诉诸无关权威
- **概念**：某人是A领域的权威，但不一定是B领域的权威。如果你因为一个"专家"名头就轻易相信，那就犯了这个谬误。
- 举例：
- 反驳：

诉诸流行/诉诸传统
- **概念**：仅仅因为你所知的大部分人都做/某种行为是自古以来的传统，就相信其合理性。
- 举例：
- 反驳：

诉诸无知
- **概念**：判断一个观点是因为对方没有证据证明反面观点。这违反了论证中"谁主张谁举证"的原则。
- 举例：
- 反驳：